**GOLDMANN
ESOTERIK**

W0048382

Das Buch

Aus ihrer persönlichen Lebenserfahrung zeigt Anneliese Harf einen Weg, wie wir unseren inneren Frieden durch die Arbeit am äußeren Frieden erkennen und finden können. Sie hilft uns zu verstehen, daß wir in uns selbst das Schicksal aller Menschen teilen. Dabei verbindet sie östliche Tradition mit westlichem Lebensgefühl in einer Weise, die auch dem an Yoga und östlichen Traditionen nicht interessierten Leser die Möglichkeit gibt, eine andere Lebenswirklichkeit zu entdecken. Die Autorin versteht sich nicht als Lehrerin, sondern als Freund des Lesers und möchte ihm etwas aus ihren eigenen Erfahrungen mitteilen, um sein Leben zu bereichern.

Die Autorin

Anneliese Harf hat seit über dreißig Jahren durch Yoga eine wesentliche Bereicherung für ihr inneres und äußeres Leben erfahren und darüber hinaus den Zugang zu einer spirituellen Existenz gefunden, die in unserer Alltagswelt zumeist übersehen wird. Sie gab ihren Beruf als Pianistin und Musikpädagogin auf, um Yoga zu lehren. 1959 wurde sie Mitarbeiterin der »Deutschen Yogagemeinschaft«. 1962 gründete sie zusammen mit Karl Lorenz Mesch den Rhydaya-Ashram und baute das Münchener Yoga-Zentrum auf. Bei dieser Aufgabe ging es ihr vorwiegend darum, Yoga in einer Weise zu vermitteln, die östliche Weisheit und Übungspraxis in die westliche Lebensform integriert. Seit vielen Jahren nimmt sie in Rundfunk- und Fernsehsendungen zu Fragen von Yoga und Selbsterfahrung Stellung. Sie veröffentlichte Bücher über Yoga beim Herder Verlag.

ANNELIESE HARF

Himmel und Erde verbinden

**Texte zu
Bewußtseinsschulung
und Friedensarbeit
herausgegeben
von Wulfing von Rohr**

GOLDMANN VERLAG

Originalausgabe

Der Goldmann Verlag
ist ein Unternehmen der Verlagsgruppe Bertelsmann

Made in Germany · 2/88 · 1. Auflage
© 1988 by Wilhelm Goldmann Verlag, München
Umschlaggestaltung: Design Team München
Satz: IBV Satz- und Datentechnik GmbH, Berlin
Druck: Elsnerdruck, Berlin
Verlagsnummer: 11817
Herstellung: Gisela Ernst
Lektorat: Michael Görden
ISBN 3-442-11817-4

Inhalt

Vorwort

Diese kleine Schrift will nicht mehr, als einige Impulse zur praktischen Bewußtseinsschulung zu geben. Es gibt bekanntlich keine einheitliche Friedens»theorie« und kann sie wohl auch nicht geben. Die Ursachen und Wirkungen des Unfriedens sind zu vielschichtig, die jeweiligen Lebensumstände und Weltanschauungen zu unterschiedlich. Und ein Friede, der zum Bewußtseinszustand der einzelnen Menschen geworden ist, würde auch Friedens»gurus« oder absolute Friedenslehren ausschließen. Der Entwicklungsprozeß des Makrokosmos mutet chaotisch und absurd an, der mikrokosmische Lebensweg des Individuums wird derart durch Krisen und Katastrophen gekennzeichnet, daß man gar nicht umhin kann, festzustellen: es handelt sich hier um dynamische Vorgänge, die sich einer einheitlichen, starr definierten Problemlösung entziehen.

»Himmel und Erde verbinden« – darin liegen Einsicht und Lebenserfahrung vieler Menschen, daß Friede eine dynamische Kraft ist, kein statischer Zustand. Friede als Lebenswirklichkeit in der ganzen Schöpfung, nicht nur als Hoffnung und vielleicht einmal kurzzeitiges Aufblitzen bei einzelnen Menschen: das ist ein Ziel, welches mittels vieler kleiner praktischer Schritte erreicht werden kann. Hier gilt der Satz: »Ändere dich selbst, dann änderst du die Welt.« Es ist in diesem Sinne selbstverständlich, daß nicht alle ausgewählten Anstöße zur praktischen Friedensarbeit jeden Leser in derselben Weise ansprechen werden. Und noch offenbarer ist, daß diese Impulse zur Bewußtseinsschulung das weite Feld unterschiedlicher gesellschaftlicher, persönlicher und geistiger Problemsituationen ja nur sehr punktuell berühren können. Als Ausdruck der Überzeugung, daß kein einzelner über die ganze Wahrheit verfügt, mag man die Zitate aus Schriften anderer Autoren ansehen, die diese freundlicherweise zur Verfügung stellten.

Daß Friede eine Kraft ist, die wesentlich durch Liebe, Offenheit, bewußtes Sein und Disziplin geschaffen wird, beweist Anneliese Harf seit über 30 Jahren. So lange wirkt sie als Yoga- und Lebenslehrerin und Gründerin des Münchner Yoga-Zentrums. Stand zu Beginn ihres Weges die eigene Bekanntschaft mit dem »östlichen« Yoga im Vordergrund, wurde daraus bald die Arbeit für einen »westlichen« Yoga, der soziale, kulturelle und historische Bedingungen unseres Lebensalltags hier in Europa berücksichtigt und integriert. Seit einigen Jahren stellt Anneliese Harf noch deutlicher einen Schwerpunkt ihrer Arbeit heraus, der Kern jeder praktischen Bewußtseinsschulung ist: die Friedensarbeit.

Wulfing von Rohr

Einführung

Friede ist eine Kraft, die Himmel und Erde verbindet. Jeder, der ehrlich versucht, die geistige Kraft des Friedens im Alltag zu verwirklichen, verbindet damit Himmel und Erde; denn wahrer, innerer Friede ist nicht von dieser Welt. Darauf weist bereits die Bibel hin: »MEINEN Frieden gebe ich euch.« Für das Erleben der Bewußtseinsqualität des Friedens ist Transparenz, also geistige Empfänglichkeit und Durchlässigkeit erforderlich. Der äußere Friede, also Frieden auf Erden, ist die Folge des inneren, im Leben verwirklichten Friedens. Andernfalls wird Friede, den Menschen ›machen‹, berechenbar, schaffbar und somit abhängig von Erwartungen und Forderungen. Wäre dies wirklicher FRIEDE?

Um Friede als weltweiten Zustand zu erreichen, müssen entsprechende Ursachen dafür gelegt werden. Dazu gehört mit Sicherheit, daß erst ein Bewußtsein für Frieden entwickelt wird, vergleichbar dem Bewußtsein für die Schönheit von Bäumen, für die Kraft der Musik, für das Erleben der Natur oder für religiöse Erfahrung.

Im Grund ist Friede der Geistseele jedes Menschen eingeboren; denn sie ist Teil der Lebenseinheit aller Menschen. Der, dem die geistige Verbundenheit der Menschheit bewußt geworden ist, sieht im Gegeneinander der Menschen etwas Unnatürliches, ja Krankhaftes. Jede feindliche Haltung gegen den anderen richtet sich immer auch gegen uns selbst. Doch dieses Bewußtsein ist noch nicht oder nicht genügend entwickelt. Selbst wenn ein Bewußtsein des Friedens mehr Allgemeingut geworden ist, bedarf es noch der praktischen Verwirklichung im Leben eines jeden Menschen. Dies ist vergleichbar mit dem Bewußtsein, das in den letzten Jahren für Bäume entstand. Dennoch ist es sehr schwer, Menschen zur Umsetzung des Baum-Bewußtseins zu bringen, vor allem dann, wenn damit auch nur der geringste Verzicht auf

Gewinn verbunden ist. Bis jetzt sind es nur wenige, die bereit sind, den Bäumen zuliebe die Fahrgeschwindigkeit zu begrenzen, Geld für Baumpflanzungen zu spenden, oder zu Zeiten der Trockenheit auch nur einige Eimer Wasser durstigen Bäumen zu bringen.

Ebenso bedarf es der Umsetzung des Friedens-Bewußtseins in die Praxis, zuerst sich selbst gegenüber: Friede mit seinen eigenen Fehlern und Schwächen, Friede mit der von mir gestalteten Vergangenheit, aber auch mit allen unerfüllten Wünschen, Hoffnungen, Erwartungen, Forderungen, mit dem eigenen Fühlen und Denken; dann Friede mit seinem Du, mit der Familie, mit Freunden, am Arbeitsplatz und selbst mit Menschen, die uns belastet haben oder derzeit belasten.

Friede leben bedeutet nicht Schwäche, bedeutet nicht, sich alles gefallen zu lassen, ohne sich zu wehren. Vielmehr ist ein Friede gemeint, der aus bewußtem Nichtverletzen entsteht.

So sehe ich als weiteren Schritt das Üben des Nichtverletzens. Hierfür ist das Motiv entscheidend. Wer das Nichtverletzen übt, dem wird allmählich bewußt, daß wir bei allem Verletzen anderer im Grunde uns selbst verletzen, uns selbst isolieren, uns selbst belügen und hassen. Dabei kommen noch all die negativen Kräften durch diejenigen auf uns zurück, die wir damit zu belasten glauben oder die wir belasten möchten.

Je länger dies geschieht, um so aggressiver projizieren wir unser Unvermögen, unsere Wut und Angst auf andere, wobei der eigene Sinn für Realität immer mehr schwindet. Da in dieser Fehlhaltung des Bewußtseins immer die anderen schuld sind, werden wertvolle Gelegenheiten für die eigene Entwicklung verpaßt. Statt dessen verfestigt sich die Abwehrhaltung allem und jedem gegenüber, so daß es für solche Menschen schwer wird, mit anderen zusammenzuleben und zusammenzuarbeiten.

Wird jedoch konsequentes Nichtverletzen geübt, kann dies die eigene Entwicklung sehr fordern und fördern. Es entsteht ein immer feineres Gespür dafür, wo es sinnvoll ist, einzugreifen, Widerstand zu leisten, notwendige Grenzen zu setzen, zu handeln, zu sprechen oder zu schweigen. Aus den Reaktionen der Betroffenen ersehe ich dabei immer, ob es mir um Persönliches oder um eine Notwendigkeit ging. Daraus erwächst allmählich ein Ursachen-Bewußtsein, das die Zusammenhänge von Wirkungen und ihren Ursachen immer schneller durchschaut.

Aus der Bereitschaft, im Alltag Frieden zu leben, läßt sich immer tiefer und öfter die Bewußtseinsqualität des Friedens erfahren und aus dieser beglückenden Erfahrung wiederum in die Praxis umsetzen. Im Laufe der Zeit gelingt dies dann auch, wenn bei Belastungen oder bei einem Verhalten, das Aggression, Vorwurf, Mißtrauen, Ablehnung oder Streit geradezu herausfordert, bewußt – verantwortungsbewußt – eine sachliche, ja verständnisvolle Entgegnung gelingt.

Solange wir Frieden von Politikern, also von anderen erwarten, meinen wir nicht eigentlich Friede, sondern wir wollen nur nicht gestört werden in unserem privaten und beruflichen Lebensablauf. Wir wollen nicht belastet werden durch Krieg oder Katastrophen und wollen von den Menschen, die wir lieben, nicht getrennt werden.

Friede ist jedoch eine Kraft, die aus bewußter Liebe erwächst; eine Liebe, die mehr ist als Neigung, Sympathie oder erotische Anziehung. Im Raja-Yoga, einem der alten indischen philosophischen Lehrsysteme der Gedankenbeherrschung, heißt es, daß Friede durch die Bemühung des Nichtverletzens entsteht.

Wer über einige Jahre hinweg versucht hat, nicht zu verletzen, mag behaupten, daß dann wohl nie wirklich Friede möglich ist; denn es ist fast unmöglich, im täglichen Umgang mit Menschen, die andere Ziele, andere Erwartungen, Wünsche, Vorstellungen und Neigungen haben, nicht zu verletzen. Wie oft verletzen wir unbewußt durch Worte, Gesten, Behauptungen, durch Neigungen oder auch nur durch notwendige Forderungen! Ganz zu schweigen von den ungezählten und unkontrollierten Verletzungen durch Gedanken und Gefühle, die noch nicht einmal ausgesprochen oder sonst zum Ausdruck gebracht werden, die jedoch zwischen den Menschen als hemmende oder zumindest begrenzende Kraft stehen.

Erst wenn wir auch gedanklich nicht mehr verletzen, werden wir fähig, im Alltag durch Worte und Handlungen nicht mehr zu verletzen. Deshalb ist ein weiterer Schritt der Entwicklung eines

Friedensbewußtseins die Aufgabe und die jeweils verantwortungsbewußte Überlegung, wie in jedem einzelnen Fall zwar das Notwendige durchgesetzt werden kann, jedoch mit einem jedem Menschen möglichen Höchstmaß an Liebe, Feinheit, Freiheit und nicht zuletzt Humor, Probleme zu lösen, Widerstände zu überwinden und notwendige Aufgaben durchzuführen.

Wir können einander nur immer wieder helfen, daß wir liebesfähiger werden, daß wir loslassen und freigeben können und von innen die Kraft bekommen, die Wandlung, Bewußtwerdung und Neuwerdung von uns und den Menschen, mit denen wir leben, zu unterstützen. Wohlwollen, Wille zum Guten, Geduld, Vertrauen, vor allem Selbstvertrauen, sind hohe Werte, die dabei zu erringen sind. Sie fallen niemandem in den Schoß, wenn auch manch einer solche Wesenskräfte bereits mehr oder weniger entwickelt haben mag. Hier können wir immer wieder von älteren Menschen lernen, die durch schwere Schicksalsschläge zu tieferen Lebenswerten, zu mehr Geduld und weiser Lebensmeisterung, vor allem aber zu mehr Liebesfähigkeit gefunden haben.

Jeder Mensch, der durch seine eigene Friedenskraft andere zu solcher Wegarbeit anzustecken vermag, ist ein Geschenk für seine Umwelt, ganz gleich, wie arm oder reich, wie jung oder alt er sein mag. Dabei entwickeln diese Menschen meist Heiterkeit und Freude, die unabhängig sind von äußeren Umständen, sondern unmittelbar aus der Lebensquelle im eigenen Herzen entspringen.

Energetisch betrachtet ist Friede ein Kräftepotential, das im großen nur in dem Maß zu wirken vermag, als es im kleinen – von jedem Menschen – freigesetzt und zur Verfügung gestellt wird. Das Ausmaß dieser Friedenspotenz mag die Grundlage für die Friedensbereitschaft und -kraft sein, die dann politischen, wirtschaftlichen und sogar kulturellen Spitzengruppen, die Wesentliches für Länder und Völker zu entscheiden haben, zur Verfügung steht. Diese Gedankengänge können – als Möglichkeit – begründen, warum manchmal in politisch äußerst zugespitzten Situationen plötzlich doch wieder eine Verständigung zustande kam. Stünde dieses energetische Friedenspotential nicht zur Verfügung, wäre dies vermutlich nicht möglich.

Die Eintracht mit einem Menschen oder einer kleinen Gruppe zeigt deutlich das Trachten nach Einheit. Warum sollte solche Ein-tracht nicht auch im großen möglich sein? Sie muß nur gelebt werden, damit sie Wirklichkeit wird!

Menschen, die ehrlich versuchen, Liebe zu leben, sehen in Situationen, die sonst zur Hölle werden könnten, ein interessantes Experiment. Dann zeigt sich oft, wie durch den Willen zum Guten, durch Humor und Friedensliebe Grenzen fallen können. Auch beim anderen fallen oft Steine vom Herzen! Vorwurf und Machtanspruch verschlimmern nur bereits vorhandene Belastungen oder Widerstände. Nach den östlichen Weisheits-Lehren ziehen wir alle jene Schwierigkeiten an, die wir für den nächsten Schritt unserer Entwicklung und Bewußtwerdung brauchen. So gesehen besteht nie ein wirklicher Grund, Krieg zu führen und sei es noch so sehr im kleinen oder sogar gegen sich selber.

Jede Form von Machtanspruch, von Überheblichkeit, übertriebenem Ehrgeiz gefährdet den Frieden, sei es in der Familie oder sei es in größeren Gruppen. Auch das sich gegenseitig Angst machen verletzt das Vertrauen und damit den Frieden. Friede gedeiht durch Ein-tracht, durch liebevolles Helfen, durch die Bereitschaft, dem Menschen, ja letztlich aller Kreatur, zu dienen.

Anneliese Harf

Aufruf zum Gebet um den Weltfrieden

Von Masahisa Goi

Sind die Menschen in der modernen Gesellschaft wirklich glücklich? Bei ehrlicher Beantwortung dieser Frage müssen wohl die
meisten zugeben, daß sich derzeit ein großer Teil der Menschheit
in keinem glücklichen Zustand befindet.

Warum sind so viele Menschen unglücklich? Weil sie von
Zwietracht und Disharmonie erfüllt sind.

Die Welt ist inzwischen so ›klein‹ geworden, daß alle Länder
in einer engen Wechselbeziehung stehen. Die Politik der USA,
der UdSSR und Europas übt Einfluß auf die Länder in Asien und
Afrika aus; umgekehrt finden die Ereignisse in diesen Ländern
unverzüglich den Widerhall in westeuropäischen Staaten, in der
Sowjetunion und in den USA.

In unserer Zeit kann der einzelne sein Leben nicht mehr ganz
für sich allein führen, vielmehr versteht sich jeder auch als Teil
seiner Gesellschaft. Das Leben eines jeden ist den Auswirkungen
der Entwicklungsströmungen von Staaten und Völkern ausge-
setzt. Sein persönliches Glück und Unglück sind zu einem großen Teil davon abhängig. Solange nicht Politiker und ihre Nationen Mißtrauen, streitsüchtige Neigungen und Aggressionen in
ihren internationalen Beziehungen aufgeben, sind Leben und
Glück eines jeden gefährdet; denn die weltweite Bedrohung, die
den großen Krieg erahnen läßt, beeinflußt jeden Menschen.

In einer solchen Atmosphäre ist es schwierig, mit Vertrauen
und Frohsinn in die Zukunft zu blicken. Wie tüchtig jemand
auch sein mag und welch große Taten er vollbringt, so vermag er
nicht allein das Wohl des Staates oder der Menschheit zu bestim-
men.

In jedem Augenblick kann ein Krieg ausbrechen, kann uns
eine schreckliche Naturkatastrophe heimsuchen. Das Geschick

des einzelnen ist immer an das seiner Umwelt, ja letztlich an das der Menschheit gebunden. Wenn aber das Glück des einzelnen auf dieser Erde ohne das Wohl der Menschheit nicht möglich ist, sollte man dann nicht, so habe ich mich gefragt, den einzelnen und die Menschheit als Einheit ansehen *und* aus dieser grundlegenden Einsicht heraus zu leben und zu wirken versuchen?

Aus dem Verständnis dieser Zusammenhänge heraus wurde mir bewußt, daß wir eine starke, verbindende Kraft brauchen: das Gebet für den Weltfrieden.

Damit auf Erden Friede werden kann – für die Welt, für die Menschheit –, muß zuerst jeder Mensch lernen, mit sich und mit seiner Umwelt in Frieden zu leben.

Die gegenwärtige Weltsituation zeigt, daß der Friede weder beim einzelnen noch bei der Menschheit verwirklicht ist. Diese Tatsache läßt sich leicht erkennen, wenn wir die Ereignisse in der Welt betrachten oder in unser eigenes Herz schauen.

Sowohl der einzelne als auch die Menschheit befinden sich in einem ständigen Zustand sensationeller Aufruhr und plötzlicher Erschütterungen. Die Zufriedenheit einzelner ist meist nur vorübergehend, verkehrt sich oft ins Gegenteil und ist weit von tiefem, dauerndem Glück entfernt. Mit Glücksgefühlen, die nicht auf geistig ausgerichtetem Leben beruhen, läßt sich auf Erden nie dauerhafter Friede erlangen. Bleibendes Glück und dauernder Friede sind etwas, was wir schaffen können, wenn wir alle zusammenhelfen.

Die erste Ursache für das Unglück der Menschheit mag darin liegen, daß sie die Tatsache vergessen hat, daß alle Menschen Kinder eines Gottes – des einen Großen LEBENS – sind.

Wir leben heute in einer Weise, in der gottgegebenes Leben – in der Natur wie in der Menschheitsfamilie – respektlos zerstört wird. Dies widerspricht der Menschenliebe. Jeder hält sich selbst für besser als andere und fordert für sich immer mehr.

Eine solche Lebensart ist derzeit legal. Diese egozentrische, trennende Lebenseinstellung hat intensive negative, schicksalhafte Kräfte freigesetzt, die sich beim einzelnen sowie weltweit auswirken. Zu den Folgen gehört, daß andere Menschen oder Länder, die den persönlichen Interessen oder denen des eigenen

Landes nicht in erwarteter Weise entsprechen, angefeindet oder sogar angegriffen werden.

Auch wenn einige weitsichtige Menschen in der heutigen Gesellschaft in internationalen Beziehungen auf humanere Politik zielen, so können sie wegen der starken negativen, ja aggressiven Kräfte ihr Ideal nicht oder nur sehr begrenzt verwirklichen.

In unserem Zeitalter soll die Welt nicht mehr von den Aktionen einer Minderheit bewegt werden. Um wesentliche Veränderungen auf unserer Erde zu bewirken, bedarf es eines kollektiven Einsatzes. Das gilt auch für die Weltfriedensbewegung. Der einzelne jedes Landes kann aber bei dieser chaotischen Weltlage nicht wissen, wie da noch der Weltfriede zu realisieren ist. Dennoch hofft jeder auf eine erlösende Wendung; denn wie viele Menschen leiden schwer unter den kriegerischen Auseinandersetzungen von immer mehr Völkern. Deshalb *muß* ein einfacher Weg gefunden werden, den jeder verstehen und ohne großen Aufwand gehen kann, um den Weltfrieden zu sichern.

Die Grundlage für den Weltfrieden ist die Einstellung eines jeden, daß er sein Interesse und das der anderen nicht mehr für gegensätzlich hält. Um den Bewußtseinszustand menschlicher Zusammengehörigkeit zu verwirklichen, bedarf es einer Methode, welche die Harmonie zwischen Menschen aller Rassen ohne Zwang ermöglicht. Das setzt voraus, daß jeder sein begrenzendes Gewinndenken aufgibt.

Von der Einstellung ausgehend, was der Mensch in Wirklichkeit ist und wie er leben sollte, bin ich zu folgendem Schluß gelangt:

Jeder Mensch ist in seiner Seele Geist von Gottes Geist und kein bloß sündhaftes Wesen. Keiner ist von der Obhut und dem Schutz Gottes ausgeschlossen. Durch sein trennendes Fühlen, Denken und Handeln verursacht der Mensch jedoch Leid, Angst und Not. Sein Schicksal ist die Auswirkung davon. Es gibt ihm aber auch die Möglichkeit, geschaffene negative Zustände aufzulösen.

Alles Leid – wenn es dem Menschen in seiner Ganzheit von Ursache und Wirkung bewußt wird – ist zur Auflösung bestimmt. Er darf davon überzeugt sein, daß sich seine Not überwinden läßt, wenn er inmitten aller Schwierigkeiten verzeiht und weise Liebe – sich selbst und anderen gegenüber – übt; wenn er fortfährt, Frieden, Wahrhaftigkeit und Verstehen in Wort und Tat zu verwirklichen. Sein Leben wird dadurch wesentlich glücklicher, und seine Umstände verbessern sich.

Die Grundlage hierfür ist das Gebet für den Weltfrieden, verbunden mit tiefer Dankbarkeit für Gottes Hilfe und Schutz. Dies ermöglicht dem einzelnen – und als Wirkung davon immer mehr Menschen und schließlich der Menschheit –, den Sinn seines Lebens sowie des Lebens in seiner ganzen Tragweite zu erkennen und immer mehr zu verwirklichen.

Dies wird jeden befähigen, wahren Frieden zu erleben.

Das Gebet für den Weltfrieden kann lauten:

Möge Friede in mir und in meinem Heim sein!
Möge Friede in unserem Land sein!
Möge Friede auf Erden sein!
Möge ich meine Lebensziele verwirklichen!
Ich danke Gott für seinen Schutz und seine Hilfe!

Werden in dieses einfache Gebet liebende Gedanken und Empfindungen eingebracht und die Lebensweise darauf ausgerichtet, lösen sich feindselige, krankmachende Gefühle und Gedanken allmählich auf. Dann wirken wir mit Vertrauen und Freude für das Wohl aller. Dadurch wird – absichtslos – jeder Mensch vervollkommnet. Auf diese Weise bringt dieses stets im Bewußtsein lebendige Gebet das Leben des einzelnen in Harmonie. Der Grundton der Harmonie, der im Leben eines Menschen gegenwärtig ist, ist der größte Beitrag, den jeder leisten kann, um Frieden in die Welt zu bringen.

Dies ist jetzt die Not wendende Tat!

Mit freundlicher Genehmigung der Gesellschaft für das Gebet um den Weltfrieden wiedergegeben, »Society of Prayer for World Peace«, 5–26–27 Nakakokubun, Ichikawa, Chiba, Japan (Weitere Informationen über A. Harf, Münchner Yoga-Zentrum, Frauenlobstr. 24, 8000 München 2)

Suche nach Frieden

Ist Friede mehr als nur ›nicht Krieg‹?
Ist Friede mehr als nur ein Sieg?
Sieg über ›Feinde‹,
über ›Böse‹, ›Gegner‹, ›Freunde‹?

Oder: Sieg über mich? –
Über die Mauer von Du und ich?
Über Abgründe in meinem Herzen?
Sieg über Neid und Schmerzen?

Wo ist der Friede,
den ich so ersehne?
Wo finde ich die Liebe,
daß ich mir und anderen vergebe?

Wie voll ist schon das Maß!
Die Ängste nehmen zu,
im engen Herzen wächst der Haß,
ich finde nicht mehr zu meinem Du.

Such' ich zu lang schon außer mir
die tiefe Stille und das Lieben,
such' ich schon fast zu spät den Frieden,
in meiner Seele jetzt und hier?

Sucht jeder Frieden erst in sich,
entsteht überall die Kraft,
die liebet – andere und mich,
und die auf Erden Frieden schafft.

Beginn ich heut und jeden Tag,
bewußt den Frieden dort zu leben,
wo mich der Nächste fordern mag,
so wird es Frieden geben.

Denn jedes Ich ist Teil des LEBENS,
ist Schwester, Bruder jedem anderen Ich,
trägt bei zu Haß oder Vergeben.
Kraft des Friedens – wirke stets durch mich!

Verantwortung des einzelnen
für den Frieden

Jeder weiß um die derzeitige Weltsituation. Es besteht jedoch die Gefahr, daß wir uns an diesen bedrohlichen Zustand gewöhnen mit der Einstellung: »Ich vermag daran ja ohnehin nichts zu ändern!«

Wenn auch bereits vieles an Friedensarbeit geleistet wird, so reichen diese Friedenskräfte nicht aus, um stärker zu sein als die vorhandenen Kräfte des Mißtrauens und Hasses, der Überheblichkeit und Aggression, und wie immer trennende Gefühls- und Gedankenkräfte genannt werden mögen.

Auf unserer Erde stehen sich – im engsten Umfeld wie in weltweiter Ausdehnung – zwei Kräftegruppen gegenüber: lebensaufbauende und lebenszerstörende, sog. positive und negative Kräfte. Beide Kräftearten sind für die Entwicklung der Menschheit wesentlich.

Die Weltlage ist das Ergebnis der vorherrschenden Kräfte. Sie zeigt unmißverständlich, daß wir – um den not-wendenden Ausgleich zwischen beiden Kräftegruppen zu schaffen – mehr und mehr heilende Kräfte weiser Liebe, schöpferischer Intelligenz und des Willens zum Guten brauchen. Diese Kräfte müssen machtvoller werden als jene des Unfriedens und der heillosen Angst, aus der heraus Rüstungswettlauf, maßlose Forderungen und extreme Absicherungen erfolgen.

Erst wenn genügend Menschen ein Friedensbewußtsein entwickeln, lassen sich die gewaltigen Spannungen in unserer Erdatmosphäre verringern und allmählich auflösen.

Zu dieser Friedensarbeit kann jeder beitragen: einerseits durch Entfaltung innerer Friedenskraft in der täglichen Meditation – d. h. in die innere Stille gehen – bzw. durch Gebet für den Frieden; andererseits erwächst ihm daraus die Kraft, im Alltag sein Friedensbewußtsein zu verwirklichen: in sich und in seiner Umwelt.

Dies bedeutet nicht Schwäche durch Nachgiebigkeit, sondern erfordert Intelligenz, Mut und Ausdauer, um schöpferisch an der eigenen Entwicklung wie an der allen Lebens mitzuwirken, trotz mancher Belastungen und erschwerender Umstände.

Die damit verbundene Bewußtseinsschulung besteht in der Wahl, uns für lieblose und damit verletzende *oder* für verbindende, friedvolle Reaktionen wie Aktionen zu entscheiden.

Treffen wir diese Wahl immer in dem Bewußtsein, daß wir mit jedem Gedanken und Gefühl, mit jeder Motivation und Zielsetzung sowie mit unserem Handeln beitragen, die vorhandenen Kräfte der Aggression *oder* des Friedens zu vermehren?

Bedenken und verantworten wir stets bewußt genug diese energetische Realität, die beiträgt zu Krieg oder Frieden?

Für jeden, den wir mit solcher Bewußtseinsschulung – durch bewußte Friedensarbeit – motivieren können, entsteht ein doppelter ›Gewinn‹: die Förderung und Bereicherung seiner eigenen Entwicklung *und* die Verbesserung seines Lebensumfeldes durch seinen aktiven Beitrag zum Weltgeschehen.

Deshalb rufen wir jeden auf, in voller Verantwortung
für den Weltfrieden
mitzuwirken!

Deine Zukunft ist jetzt –

Ein Aufruf zur Rettung der Erde von John Randolph Price

Der Autor fordert auf, an der Rettung der Erde mitzuwirken und Mitglied der Planetarischen Kommission zu sein, indem sich immer mehr Menschen gedanklich zu einer weltweiten Heilungsmeditation zusammenfinden. Er zeigt zum anderen Möglichkeiten auf, wie jeder im Einklang mit dem göttlichen Plan sein eigenes Leben so formen kann, wie er leben möchte.

Einige kurze Auszüge aus seinem Buch sollen vermitteln, worum es bei diesem Aufruf geht:

»...Du brauchst nur eine feste und aufrichtige Verpflichtung in schriftlicher Form einzugehen, daß Du Dein Denken erneuern willst und mit liebevollem Herzen den Entschluß gefaßt hast, auch ein Teil dieses heilenden und harmonisierenden Einflusses zur Rettung dieses Planeten zu sein...

Um als Lichtträger in der Planetarischen Kommission mitzuwirken, brauchst Du keine Beiträge zu zahlen. Es gibt weder eine organisierte Struktur noch eine Mitgliederversammlung. Am Ende eines jeden Monats werden sich Männer und Frauen der Liebe und des Lichtes in der ganzen Welt gedanklich versammeln und in einer konzentrierten Aktion so viel Liebe, Licht und spirituelle Energie in das kollektive Bewußtsein freisetzen, daß der hypnotische Zauber gebrochen wird – wie im Frühling ein gefrorener See aufbricht...

Und warum nun am 31. 12. 1986 zum ersten Mal? Uns wurde gesagt (diese Mitteilungen kommen aus unserem Innern und durch unsere Mitarbeiter in der physischen Welt), daß 1987 das Jahr der KRITISCHEN MASSE sein wird...

Unser Ziel ist klar. Warum kehren wir die Polarität dieses Kraftfeldes nicht um und erreichen eine kritische Masse positiver Energie? Warum stellen wir keine positive Kettenreaktion sicher, die in uns, um uns herum und auf dem gesamten Planeten Gutes bewirkt? Es ist möglich und so wird es geschehen...

Wir erwarten keine Massenversammlung an bestimmten Orten. Wir bitten vielmehr, Dich entweder mit anderen Lichtträgern Deiner Gemeinschaft zu treffen, Dich mit Familienmitgliedern zusammenzusetzen oder ganz einfach in Deiner bevorzugten Haltung zu meditieren. Verbringe wenigstens eine Stunde in der Heilmeditation, und halte dann für den Rest des Tages ein friedvolles, frohes und liebendes Bewußtsein – die Christusschwingung – aufrecht...

Beginne gleich heute damit, das Christusbewußtsein, das Du in Wahrheit bist, in die Welt hinauszustrahlen...

Vielleicht ist es gerade Dein Licht, das den Ausschlag gibt und hilft, die kritische Masse zugunsten der Spiritualität zu erhellen. Die Rettung der Welt hängt WIRKLICH VON DIR AB!«

Die aktive Bewußtseinsarbeit von jedem einzelnen von uns ist notwendig in dieser Zeit – für unsere Erde, für uns alle. Wir sind aufgerufen; versagen wir uns nicht.

Aus dem Buch »Deine Zukunft ist Jetzt – ein Aufruf zur Rettung der Erde«, von John Randolph Price, München 1986

Friede durch spirituelles Erwachen

Frage: Haben wir eigentlich in einer Welt, die von Vernichtung bedroht ist, Zeit für Spiritualität?

Darshan Singh: Haben wir in einer Welt, die von Vernichtung bedroht ist, überhaupt eine Alternative? Heilige und Mystiker haben immer von der universalen Liebe gesprochen, und wir haben sie ignoriert. Diese Liebe ist nun nicht länger ein poetisches Ideal. Sie ist eine Notwendigkeit, wenn wir überleben wollen. So wie ich es sehe, ist Spiritualität unsere einzige Hoffnung, und wir müssen sie an die allererste Stelle in unserem Leben setzen.

Ein spirituelles Erwachen ist besonders bedeutsam zu einem Zeitpunkt, an dem unser ganzes Universum an einem Abgrund steht – ein falscher Schritt, und die ganze Menschheit kann in diesen Abgrund von Tod und Zerstörung stürzen. Waffen werden hergestellt, die die Welt vernichten können. Über diese Lage sagte Dr. Martin Luther King einmal: »Unsere wissenschaftliche Macht hat unsere geistige Macht überholt. Wir haben zwar gelenkte Raketen, aber in die Irre geführte Menschen!« Es stimmt, wir haben große wissenschaftliche Fortschritte gemacht. Wir sind bereits auf dem Mond gelandet und sind dabei, auch andere Planeten zu erreichen, aber wir haben darin versagt, das Herz unseres Nachbarn zu erreichen. Wir wissen nicht, ob unser Nachbar sich nachts in Schmerzen windet oder ob er andere Schwierigkeiten durchmacht. Wir sind an einen Punkt gekommen, an dem wir alle darüber nachdenken, wie wir überleben können, wie wir das Reich Gottes auf die Erde bringen können. In diesem Zusammenhang haben Heilige und Seher aus uralten Zeiten uns darauf hingewiesen, daß wir Frieden nur dadurch erlangen können, daß wir uns selbst erkennen und Gott in uns verwirklichen. Sie haben betont, daß wir zuerst den Frieden in uns selbst finden müssen. Auf diese Weise können wir das Kommen des Goldenen Zeitalters beschleunigen. Solange wir nicht selbst mit uns in Frieden sind, solange unsere Seele nicht ihren Frieden gefunden hat, solange gibt es keine Hoffnung für die Menschheit.

Heilige und Weise lehren uns, daß unsere Seele zuerst eins mit Gott werden sollte. Dann wird sie fähig sein, das Licht Gottes überallhin auszustrahlen. Nur dadurch, daß wir das Licht Gottes ausstrahlen, können wir Frieden in die Welt bringen. Mystiker, Heilige, Seher und Propheten haben uns vom Anbeginn der Zeit gesagt, daß wir den *inneren* Raum betreten sollen. In den letzten dreißig Jahren haben wir den Weltraum erobert, aber unser Fortschritt im Weltraum hat uns nicht geholfen, das bleibende Glück zu finden, nach dem wir suchen. Wenn wir bleibendes Glück wollen, für uns und für alles um uns, dann müssen wir uns in den inneren Raum begeben.

Es wird gesagt, daß am Anfang nur Gott war. Er war ein Meer der Allbewußtheit. Dann erschuf er aus der Einheit die Vielfalt. Es entstand eine Schwingung und diese Schwingung erzeugte zwei Manifestationen: das Licht Gottes und die Himmlische Musik, die Harmonie aller Harmonien.

Diese beiden ersten Manifestationen zusammen sind als das Heilige Wort bekannt. In der Bibel heißt es: »Am Anfang war das Wort und das Wort war bei Gott, und Gott war das Wort.« Diese schöpferische Kraft brachte alle inneren Ebenen ins Sein, alle Universen, die Menschheit und alle Lebensformen.

Alle Heiligen, Propheten und Seher haben sich auf diese schöpferische Kraft des Heiligen Wortes bezogen. In den Veden heißt es ›Nad‹ und in den Upanishaden ›Udgit‹. Bei den Zoroastern heißt es ›Sarosha‹ und ›Naam‹ oder ›Shabd‹ in den Sikh-Schriften.

Die alten Griechen nannten es ›Logos‹, die chinesischen Heiligen ›Tao‹, die Moslems ›Kalma‹, die Sufis ›Bang-e-asmani‹ oder ›Saut-e-Sarmadi‹, und die Theosophen nennen es die ›Stimme der Stille‹. In den alten Hindu-Schriften wird es ›Jyoti‹ und ›Sruti‹ genannt. Es ist die Kraft, die das ganze Universum ins Sein gebracht hat. Heilige und Seher haben betont, daß, wer auch immer das letzte Ziel erreicht hat und eins mit Gott geworden ist, dies nur durch das Licht Gottes und die Musik der Sphären konnte.

Aus »Sat Sandesh« (dt. Ausgabe: Die Botschaft der Meister); Monatsschrift von »Wissenschaft der Seele«; Kontakt über: Brigitte Böhm, Heimstr. 8, D-7015 Korntal.

Frieden auf Erden...

Ein Gebet von Robert Muller, dem früheren beige-
ordneten Generalsekretär der Vereinten Nationen.

Entscheide Dich, friedfertig zu sein
Stimme andere friedvoll
Sei ein Vorbild an Frieden
Strahlen Deinen Frieden aus
Liebe den Frieden unseres herrlichen Planeten
voller Leidenschaft
Höre nicht auf die Kriegstreiber, Haßerfüllten
und Machthungrigen
Träume immer von einer friedlichen, krieglosen,
entwaffneten Welt
Denke immer an eine friedliche Welt
Arbeite immer für eine friedliche Welt
Schalte in Dir selbst die Schalthebel des Friedens
ein und halte sie eingeschaltet:
Jene, die Liebe, Gelassenheit, Glück, Wahrheit,
Freundlichkeit, Güte, Verständnis
und Toleranz heißen
Bitte und danke Gott jeden Tag für den Frieden
Bitte für die Vereinten Nationen
und alle Friedensstifter
Bitte für die Führer der Nationen, die den Frieden

der Welt in ihren Händen halten
Bitte Gott, unseren Planeten schließlich doch noch
zum Planeten des Friedens werden zu lassen
Und stimme mit der ganzen Menschheit ein:

Laß Frieden auf Erden sein
Und laß ihn mit mir beginnen.

Postkarten, Broschüren und Informationen über Robert Muller durch: The
Networking Institute, P. O. Box 66, West Newton, MA 02165, USA; Tel.
(617)965-3340.

Liebe und Frieden

»Die einzige unfehlbare, unzerstörbare, unbegrenzte Kraft, die ohne zu fragen heilt, ist Liebe.«

»Es gibt in Deinem Inneren einen Ort des Friedens, der Dich willkommen heißt. Einen so sicheren, so stillen Raum, daß es dort weder vorwärts noch rückwärts gibt – nur den ewigen Strom des Jetzt. Tritt ein in dieses Strahlen, laß Dich auf die Wahrheit ein, in der Dein Sein wohnt, und erinnere Dich, wer Du bist.«

Aus dem Buch »Appearances« (Erscheinungen – Licht durch die Masken unserer Existenz) von Rusty Berkus, erschienen bei Red Rose Press, P. O. Box 24, Encino, CA 91426, USA; ISBN 0-9609883-1-5.

Desiderata

Sei gelassen inmitten von Lärm und Hast, und denk an den Frieden, der in der Stille liegen kann.

Soweit dies möglich ist, ohne Dich selbst aufzugeben, vertrage Dich gut mit allen Leuten. Sag Deine Wahrheiten ruhig und klar, und höre die anderen an, sogar die Dummen und Unwissenden; auch sie haben etwas zu erzählen. Meide laute und aggressive Personen; sie beleidigen den Geist.

Wenn Du Dich mit anderen vergleichst, magst Du eitel oder bitter werden; denn es wird immer größere und kleinere Menschen als Dich geben.

Genieße, was Du erreicht hast, und freue Dich Deiner Pläne. Bleib an Deinem eigenen Fortkommen interessiert, jedoch bescheiden; dies ist ein wirklicher Besitz im Wandel der Zeiten. Nimm Deine Geschäfte mit Umsicht wahr, denn die Welt ist voll Arglist. Aber laß Deine Auge darob nicht blind werden für das, was an Tugenden vorhanden ist; viele Menschen streben nach hohen Idealen, und überall ist das Leben voll Heldenmut. Sei Du selbst.

Täusche insbesondere keine Zuneigung vor. Sei auch nicht zynisch der Liebe gegenüber, denn sie ist angesichts aller Härten und Enttäuschungen so beständig wie das Gras.

Nimm das, wozu Dir Deine Jahre raten, gern entgegen, und gib die Dinge Deiner Jugend mit Anstand auf.

Pflege die Zucht des Geistes, damit Du in einem plötzlichen Unglücksfall gewappnet bist. Aber mach Dich nicht unglücklich mit Dingen, die Du Dir einbildest. Manche Furcht hat ihren Ursprung in Müdigkeit und Einsamkeit. Außer einer heilsamen Selbstdisziplin – sei nett mit Dir selbst. Du bist ein Kind des Universums, nicht weniger als es Bäume und Sterne sind. Du hast ein Recht darauf, hier zu sein. Und ob Du es begreifst oder nicht, das Universum entfaltet sich so, wie es sollte. Leb deshalb in Frieden mit Gott, wen immer Du dafür hältst, und leb in Frieden mit Deiner Seele, was immer Dein Tun und Streben im lärmigen Durcheinander des Lebens sei. Trotz aller Plackerei, aller Enttäuschungen und aller zerbrochenen Träume: die Welt ist doch schön.

Gefunden in der Old Saint Paul's Church in Baltimore, England, datiert 1692

Notwendigkeit und Praxis ganzheitlicher Friedensarbeit

Friede im Alltag

Jeder weiß, wie notwendig Friedensarbeit ist! Wie viele sind bereit, für den Frieden und für bessere Verhältnisse auf Erden etwas zu tun! So wertvoll hierfür aller Einsatz sein kann, so hat er doch nur so viel Wirkkraft, wie er von inneren Friedenskräften des einzelnen getragen wird. Wird Friede nicht im Alltag *gelebt* – mit sich und mit anderen –, so können noch so gut gemeinte Absichten und aufwendige Einsätze für den Frieden in Meinungsverschiedenheiten, Streitereien bis hin zu militanten Ausschreitungen ausarten. Davon abgesehen hat auch nicht jeder die Möglichkeit, zu Kundgebungen, Demonstrationen, zu Friedenskonzerten oder anderen Veranstaltungen zu gehen oder bei Organisationen mitzuarbeiten. Jeder kann jedoch einen Beitrag für den Frieden und für die Verbesserung der Lebensverhältnisse auf unserer Erde leisten:

mit sich selbst Frieden schließen
und Friedenskräfte aussenden,

so daß er im Laufe der Zeit auch mit seiner Umwelt besser in Frieden zu leben vermag. Damit entsteht allmählich bei immer mehr Menschen ein Friedensbewußtsein, das die energetischen Grundlagen für einen weltweiten Frieden zu schaffen vermag.

Diese liegen im Denken, Fühlen, Motivieren und Verantworten, während das Tun ›nur‹ Wirkung dieser Bewußtseinsvorgänge ist. Doch wer lebt im Alltag so verantwortungsbewußt und damit bewußt, daß er sich klar darüber ist, welche Kräfte er mit jedem Gedanken und mit jedem Gefühl, mit seinen Erwartungen und Stimmungen, mit jeder Meinung, Absicht, Ablehnung oder Bejahung, mit Freude oder Trauer, mit seinen Gewohnheiten und allem Verhalten aussendet? Wer ist sich bewußt, wie diese Kräfte weiterwirken in uns und in unserer Umwelt?

Ebenso, wie wir radioaktive Strahlung nicht wahrnehmen können, sie aber ihre Wirkung in allem Leben ausübt, so sind auch unsere Gefühls- und Gedankenkräfte für die meisten nicht sinnenhaft erfaßbar. Dennoch wirken sich diese Kräfte auf den Empfänger wie auf den Absender entsprechend aus.

Gegensätze

In unserer polar angelegten Schöpfung stehen sich scheinbare Gegensätze gegenüber: Friede – Unfriede, Freiheit – Unfreiheit, Licht – Dunkel, Freude – Leid, Fülle – Entbehrung, Tag – Nacht, männlich – weiblich, Geist – Materie. Jeder, der sich mit Polarität im großen wie im kleinen befaßt, kommt bald zu dem Ergebnis, daß es sich dabei um relative Zustände handelt, die vom Standpunkt und damit vom Bewußtseinsniveau des einzelnen bestimmt werden. Wer diese Einsicht im Alltag konsequent umsetzt, befreit sich immer mehr von Wertungen. Der ›Wert‹ verlagert sich dann allmählich auf die Entwicklung selbst und weniger darauf, wodurch sich ein Mensch entwickelt. Dabei rückt die Entwicklungsdynamik in den Vordergrund.

Die Menschen geben ihren Kräften durch ihr polar ausgerichtetes Bewußtsein eine von zwei grundlegenden Richtungen: entweder eine lebensaufbauende oder lebenszerstörende. Daraus entstehen die beiden großen und machtvollen, sich gegenüberstehenden Kräftegruppen: die sog. ›positiven‹ und die ›negativen‹. Sie werden durch unsere unbewußten wie bewußten Persönlichkeits- und Seelenkräfte geschaffen, erhalten und verstärkt. Da sie für die Entscheidungsfreiheit und Bewußtwerdung jedes Menschen grundsätzlich notwendig sind, wäre es falsch, sie zu werten.

Nehmen und geben

Auch in jedem Menschen stehen sich diese beiden Kräftegruppen gegenüber: die sog. negativen, also empfangenden, nehmenden bis hin zu zerstörenden, und die sog. positiven, also gebenden, aufbauenden, lebensentfaltenden Kräfte. Körperlich sind wir weitgehend nehmend: Wir brauchen Nahrung, Kleidung, Behausung etc. Psychisch sind wir teils gebend, teils nehmend, je nachdem, wie stark wir von den Gefühlen und Verhaltensweisen anderer abhängig sind.

Wir brauchen Liebe, Zuwendung, Bestätigung und Möglichkeiten für Bildung, Spiel und Freude. Dies ist ganz natürlich und erforderlich für die Entwicklung jedes Menschen. Seelisch-geistig sind wir gebend, also positiv geprägt: Wir geben unsere Ideen, Erkenntnisse, unsere geistigen Fähigkeiten und Wesenskräfte, um an der Entfaltung und Weiterentwicklung des Lebens auf unserer Erde mitzuwirken. Dabei erfährt jeder seine Bewußtwerdung und Selbstwerdung. Unsere Atmung verdeutlicht diesen Zusammenhang: das Empfangen beim Einatmen und Geben beim Ausatmen. Beides ist gleichwertig und lebensnotwendig.

Waffenlager sind Ausdruck innerer Bewaffnung

Damit sich die Entwicklung der Menschheit unter möglichst günstigen Umständen vollziehen kann, sollten die beiden großen Kräftegruppen in ihrem Gleichgewicht nicht zu sehr gestört sein. Unser derzeitiges Weltgeschehen zeigt jedoch, daß die negativen Kräfte in bedrohlicher Weise überwiegen. Katastrophen und Kriege sind Auswirkungen davon bzw. Entladungen, die immer wieder einen gewissen Ausgleich im großen Kräfteverhältnis schaffen. Alle Waffenlager – konventionelle, atomare wie chemische – sind, energetisch gesehen, die Materialisierung innerer Bewaffnung und Abwehr. Sie sind die Manifestation psychischer Spannungen, Aggressionen, Feindschaft und Drohung, also einer feinstofflichen Kriegsführung im kleinen Lebenskreis eines jeden. Je größer die Ängste werden, um so mehr verstärken sich die Mittel der Machtbeweise. Solche geladenen Kräfte summieren sich, ziehen sich an, verbinden sich und ›verkörpern‹ sich gemäß ihres Kräftepotentials. Dies gilt entsprechend auch für die positive Kräftegruppe.

Selbstverständlich fördern sog. negative Kräfte ebenfalls die Entwicklung, jedoch verbunden mit Leid, Schmerz und oft schweren, vielfältigen Belastungen. Dabei kann das Bewußtsein dermaßen mit materiellen Nöten besetzt werden, daß nur wenig Raum für eine ganzheitliche, also auch seelisch-geistige Entwicklung bleibt.

Kein »fauler« Friede

Vermutlich wünscht sich jeder, daß in seinem Land Friede ist, damit er – von Kriegsgeschehen unbehelligt – sorgenfrei und gesichert leben kann. Dies hat jedoch nichts mit jenem FRIEDEN zu tun, von dem es in der Bibel heißt: »Meinen Frieden gebe ich euch.«, »Mein Friede ist nicht von dieser Welt!« oder im Raja-Yoga II/35: »Wenn man in der Gewaltlosigkeit fest gegründet ist, schafft man eine Atmosphäre des Friedens, und alle, die in die Nähe kommen, geben die Feindschaft auf.« (Deshpande: Die Wurzeln des Yoga, Scherz Verlag München.) Es ist auch nicht jene Schwäche gemeint, die um des ›lieben Friedens willen‹ vieles erdulden läßt. Dieser ›faule Friede‹ entbehrt der Grundlage der Verbundenheit, Ehrlichkeit und des Vertrauens, was die Entwicklung aller Beteiligten belastet.

Erst ein entwicklungsbezogenes Bewußtsein erschließt Sinn und Hintergrund von Geschehnissen und befreit alle notwendigen Kräfte, um alte Begrenzungen überwinden und sich wandeln lassen zu können. Leben ist Wandlung, ist stete Neuwerdung auf dem Weg zu leib-seelisch-geistiger Ganzheit. Dabei geht es um die Bewußtwerdung auch jener Seins-Bereiche, die uns noch nicht bewußt sind. Wenn wir sie auch noch nicht bewußt erleben können, so ist doch in jedem Menschen eine Ahnung, eine Sehnsucht danach, tief im Inneren verborgen.

Haben oder Sein

Solange wir unser geistiges Selbst-Sein noch nicht bewußt erfahren haben, liegt der Schwerpunkt des Strebens auf dem ›Haben‹ anstatt auf dem ›Sein‹. Dies führt dazu, daß wir immer mehr als andere haben wollen. Eine solche Bewußtseinshaltung schafft Spannungen, Forderungen, Neid und Machtgier, welche den Frieden – im kleinen wie im großen – gefährden. Jeder, der sich aus einem ›Haben-Bewußtsein‹ heraus bemüht, Frieden zu leben, wird dies auf vergleichende Weise versuchen: Wenn der andere wirtschaftlich oder in seinem Abwehrsystem mehr ›hat‹, wird versucht, ihn zu übertreffen. Das ganze Wettrüsten beruht darauf.

Auch im privaten und beruflichen Bereich läßt sich beobachten, daß viele Menschen ihre Werte auf das ›Haben‹ ausrichten, anstatt auf das ›Sein‹. Hier liegt das Grundproblem: Wie viele Menschen versuchen ihre gut gemeinte Friedensarbeit aus dieser Fehlhaltung des Bewußtseins! Dabei werden unweigerlich Wunsch- und Aggressionskräfte verdrängt oder unterdrückt, also entweder unbewußt nicht zugelassen oder bewußt abgelehnt.

Beides stärkt die negative Kräftegruppe und kann daher keinen Frieden bewirken; denn dieser kommt aus innerer Wesensfühlung und damit aus einem Friedens-Bewußt-*Sein*. Erst dieses Friedensbewußtsein bewirkt eine Umformung unserer Wertungen: nicht mehr Wissen, Können und Haben sind Ziel, sondern sie werden Mittel zur Verwirklichung unseres ›Bewußt-Seins‹, unseres Selbst-Seins und der damit verbundenen umfassenden, bedingungslosen Liebe und schöpferischen Intelligenz. Hierdurch wird unser Leben sinnvoll, lebenswert und glücklich.

Ursachen des Friedens erkennen

So geht es bei einer tiefgreifenden Friedensarbeit darum, die wesenhaften und damit wesentlichen Ursachen des Friedens zu erkennen und bewußt – zuerst in sich und als Wirkung in der Umwelt – zu schaffen. Dies bedeutet nicht, daß wir uns dem Egoismus und der Gewalt anderer ausliefern, sondern daß wir lernen, aus unserer inneren Kraftquelle und aus einem entwicklungsorientierten Nicht-Verletzen Frieden zu leben. Hierbei verlagern sich die Werte von ›Haben‹ auf ›Sein‹. Jeder erfährt dadurch ein Höchstmaß an Selbst-Bewußtwerdung, wobei seelisch-geistige Kräfte frei werden, die in jenen weiterwirken, die dafür empfänglich sind. Dadurch können immer mehr Menschen jene tiefbeglückende Wesenskraft des Friedens, die jedem eingeboren ist, *erfahren*. Daraus erwachsen dann auch Kraft, Freude und Vertrauen sowie ein Friedens-Bewußtsein, das den Weg zur Selbstwerdung ebnet.

Wir alle brauchten zuerst Menschen, die für uns eine Atmosphäre des Friedens geschaffen haben. Dadurch konnten wir erfahren, daß es sich lohnt, für uns und unsere Umwelt eine solche Kraft zu entwickeln: nicht nur gelegentlich, sondern als stabiles Kraftfeld, das auch für unser Heim und unser weiteres Umfeld zu einer heilenden Kraftquelle wird.

Friede als Bewußtseinszustand

Jeder hat Möglichkeiten, in seinem Lebenskreis eine Atmosphäre des Friedens entstehen zu lassen, damit Friede als Bewußtseinszustand *erfahren* wird. Hierbei helfen uns liebevolle Gespräche, gemeinsames Kunsterleben, miteinander beten, meditieren, Bewußtseinsübungen und Gedankenkontrolle in der Stille.

Hinzu kommt eine bewußt friedensorientierte Motivation Menschen, Aufgaben, Belastungen und Schwierigkeiten gegenüber. Sie sind unsere ›verehrten Lehrmeister‹, die unsere Entwicklung fördern und uns zeigen, wo wir stehen.

Solches Üben schult energetisches Denken, nämlich: daß mir bewußt ist, daß ich mit jedem Gedanken, Gefühl, mit jeder Entscheidung, Aktion wie Reaktion, mit meinem Verhalten und Gestalten entweder die Seite der lebensaufbauenden oder jene der lebenszerstörenden Kräftegruppen verstärke. Mit anderen Worten: daß ich mit meinem Tun und Lassen Kriegs- und Friedenskräfte unterstütze, ja erzeuge!

Heute sind Einzelpersonen wie Gruppen nicht selten, bei denen krankhaftes Mißtrauen und Gewalt vorherrschen. Die dabei ständig erzeugten Gefühls-, Gedanken- und Willenskräfte schaffen ein negatives Feld, das schweren Gewitterwolken, ja Giftwolken und Sprengsätzen gleicht. Diese Kräfte verbinden sich mit ähnlichen, so daß Kräfteballungen entstehen, die eine vergiftete und explosive Atmosphäre schaffen, die Haß, Angst und Grausamkeit fördern. Diesem Teufelskreis können sich jene, die in seinen Bereich geraten, nur schwer entziehen. Meistens wehren sie sich mit gleichen oder härteren Gegenkräften, was die negative Kräftegruppe wiederum verstärkt.

Deshalb stellt sich die Frage: Wie weit können und wollen wir bewußt einen Ausgleich durch die Entfaltung und den Einsatz von seelisch-geistigen Kräften im alltäglichen Geschehen leisten? Leben und wirken wir wirklich mit unseren besten Wesenskräften wie Friede, Harmonie, erwartungsfreier Liebe, Wille zum Guten, mit Selbst-Bewußt-Sein, verantwortungsbewußter Intelligenz, mit Einsicht, Verständnis, Vertrauen, Freude, Absichtslosigkeit und Harmlosigkeit, also mit lebensaufbauenden und entwicklungsfördernden Kräften?

Friedensarbeit beginnt bei mir

Wie not-wendend ist es, daß immer mehr Menschen – anstatt *gegen* das Negative zu kämpfen und es dadurch noch zu verstärken – Friedenskräfte entwickeln und diese im Leben einsetzen! Dies kann bereits am Morgen nach dem Erwachen beginnen: mit tiefer Dankbarkeit, einem Gebet, mit Meditation, Hara, Atem- und Hatha-Yoga-Übungen, mit guter Literatur und Musik oder was immer Liebe und Freude dem Schöpfer gegenüber auslöst. Wenn dann im Laufe des Tages Hektik, Probleme, unerwartete Zwischenfälle und Streit aus der Umwelt an uns herankommen, sind wir eher vorbereitet und bewußt genug, uns zu fragen, ob wir nun ebenfalls ›Kriegsarbeit‹ oder doch lieber Friedensarbeit leisten wollen.

Ich stelle mir dabei kurz die ›dunklen Wolken‹ oder ›Molotowcocktails‹ vor, die durch mich auf feinstofflicher Ebene entstünden und die früher oder später ihre Wirkung ausüben würden! Manchmal bin ich richtig neugierig, wie in einem besonders schwierigen Fall noch Friedensarbeit möglich sein sollte! Dies erfordert vor allem weise Liebe, aber auch mehr Intelligenz, Vertrauen, Geduld und Ausdauer, als blindes Zurückschlagen. Selbstverständlich falle ich immer wieder in alte Gewohnheiten zurück oder bin für negative Einflüsse resonanzfähig! Wie viele ›Kriegsgedanken‹ und ›-gefühle‹ können damit verbunden sein! Sie werden jedoch immer eher bewußt und lassen sich oft noch, ehe sie sich durch Wort oder Tat ›materialisieren‹, korrigieren, also verarbeiten und positiv umpolen.

Gelingt dies nicht, mache ich mir bewußt, daß Traurigkeit über mein Unvermögen keineswegs die Friedensarbeit unterstützt! Also übe ich Vertrauen und Loslassen, bis ich wieder Mut zur weiteren Friedensarbeit finde. Dabei haben mir oft Saint Exupérys Worte geholfen: »Die Niederlage kann sich als der einzige Weg zur Erneuerung erweisen.« Wenn wir in der Kraft des Friedens sind, schützt uns diese Friedensstrahlung gegen negative Kräfte. Leben wir in Unfrieden, ziehen wir entsprechende Kräfte an und sind gegen negative Kräfte ungeschützt. Dies wirkt sich auch spürbar auf die körperliche Gesundheit aus.

Welche Möglichkeiten bieten sich hier auch für ältere und kranke Menschen, wenn sie in ihrem Herzen und Denken solche Friedensarbeit leisten! Jeder kann dies, auch bei noch so wenig Zeit; denn die Bewußtseinshaltung ist entscheidend, also die Motivation und die damit verbundene Erlebnistiefe aus der Wesensfühlung. Durch diese reinigenden Bewußtseinsvorgänge erhöhen wir allmählich unsere Eigenschwingung, wodurch die Strahlung aus dem inneren Wesen zunimmt. Sie muß und kann stärker werden als die uns von außen bedrohende radioaktive Strahlung. Die innere Strahlkraft schenkt Schutz und Vertrauen, so daß wir trotz äußerer Belastungen zuversichtlich sein können und aus allem zu lernen vermögen, damit wir reifen und mithelfen, die Lebensverhältnisse auf Erden zu verbessern.

Aus alledem erwächst im Laufe der Zeit jene überpersönliche, von Polarität befreite Friedenskraft, die unmittelbar aus unserem geistigen Lebenszentrum strömt. Sie gibt uns einen Blick für größere Zusammenhänge, wirkt ausgleichend auf unser Denken und Fühlen und heilend auf unseren Körper. Wenn wir in unserer inneren Friedensarbeit weiterwachsen, können immer mehr kleine Friedenszentren auf der Erde entstehen. Sie schaffen allmählich einen Ausgleich gegenüber den zerstörenden Kräften, die oft noch durch Massenmedien verherrlicht werden. Es braucht also unseren vollen Einsatz in jedem Augenblick.

Dabei läßt sich erfahren, daß Friedenskräfte allmählich wie organisches Wachstum wirken, verbindend und integrierend anstatt trennend und isolierend, aufbauend und wandelnd anstatt zerstörend oder verfestigend. Friedenskräfte wirken mehr durch überpersönliche Liebe und verantwortungsbewußte Intelligenz als durch persönlich begrenzte Gefühle und konstruktives Denken, zuerst in der Stille, ehe sie äußere Zustände verändern.

Abschließend sollen noch einfache Übungen aufgezeigt werden, welche die Friedensarbeit unterstützen können.

Jede harmonisierende Übung, alles, was der Selbstwerdung und damit der Wesensfühlung dient – alle Re-ligio im Sinne der Rückverbindung zum geistigen Seins-Zentrum in jedem Menschen –, ist Hilfe für den Frieden auf Erden.

Grundlage für jede Übung ist das Loslassen von körperlichen wie psychischen Spannungen, von Sorgen, Vorstellungen und Erwartungen, um frei zu werden für neues Erleben. In entspannter Sitzhaltung lassen wir den Atem kommen und gehen wie er will. Bei jedem Einatmen denken wir ›los‹, beim Ausatmen ›lassen‹. Dabei geben wir jedesmal Spannungen, Belastungen, ja letztlich alle Bewußtseinsinhalte an die Erde ab, bis wir fühlen, daß wir gelöster und freier werden.

Eine überall und jederzeit durchführbare Bewußtseinsübung kann zum Beispiel darin bestehen, daß wir mit jedem Einatmen Friedenskraft aus unserem inneren geistigen Wesen aufnehmen, und mit jedem Ausatmen Friedenskraft – z. B. als Liebe, Verstehen, Harmonie, Vertrauen, Geduld, Dankbarkeit, Licht oder Wille zum Guten – ausatmen und ausstrahlen. Wird dies konzentriert und lange genug geübt, können wir allmählich überall um uns herum eine harmonische, friedvolle Atmosphäre schaffen. Wenn diese Kräfte anfänglich auch nur schwach spürbar sein mögen, so lassen sie sich doch durch jahrelanges Üben immer mehr verstärken.

Um Entmutigung zu vermeiden oder zu überwinden, kann eine Bewußtseinsübung helfen, die sich auch als Meditation durchführen läßt: Wir stellen uns vor, daß wir und unsere Freunde, die sich ebenfalls aus der inneren Rückverbindung für den Frieden einsetzen, ein kleiner Lichtpunkt auf unserer Erde sind. Wir stellen uns dann viele solcher Lichtpunkte über die ganze Welt verteilt vor, die alle durch Lichtstrahlen miteinander verbunden sind, so daß rund um den Planeten ein Liebe-Licht-Netz entsteht. Mit jedem Einatmen nehmen wir aus unserem geistigen Wesen Friedenskraft auf, und mit jedem Ausatmen lassen wir diese Wesenskraft in das Lichtnetz einstrahlen. Dabei können wir dieser großen Gruppe von Menschen verbunden sein, die, wie wir, manche Niederlage, aber auch Freude im Wirken für den Frieden erfahren. Aus solcher wesenhafter Verbundenheit strömen auch uns spürbar Friedenskräfte zu, die uns helfen, diese so notwendige Aufgabe weiterzuführen und dabei immer glücklicher zu werden.

Denn: Friede, Freude, Glück bedingen einander. Werden wir also froher und glücklicher durch die Verwirklichung unseres zunehmenden Friedensbewußtseins!

Friedensseminare

Derjenige, der mit Friedensarbeit anfängt, entdeckt erst einmal, wieviel Neid, Haß, Zwietracht und wie wir all die Formen des Unfriedens nennen mögen, es gibt. Es scheint fast aussichtslos zu sein, hier eine neue, lebensaufbauende Kraft dem allen entgegenzusetzen.

Aber, was noch wesentlicher ist: Die Entdeckung, daß ja *in mir* noch so viel an negativen Kräften lebendig ist, sei es als Reaktion auf Einflüsse, die aus meiner Umwelt kommen, oder sei es als Wirkung meiner eigenen Spannungen, Ängste, unerfüllten Wünsche und unerlösten Kräfte aus meinem Unbewußten. So gelangt jeder, dem Friedensarbeit wesentlich ist, zu der Einsicht, daß er zuerst bei sich anfangen, Ordnung schaffen und Harmonie erlangen muß, ehe er von anderen erwarten kann, daß sie auf seine Friedensversuche positiv reagieren.

Hierin mag der Grund liegen, warum viele auf »Friedensarbeit« so negativ reagieren; denn sie sehen – außer einigen hilflosen oder vielleicht sogar guten Ansätzen – das Unvermögen, Frieden wirklich, d. h. stabil in allen Lebenslagen, zu *leben*.

Solange ich auf negative Umwelteinflüsse noch unfriedlich reagiere, ist in mir noch kein wirkliches Friedensbewußtsein, das alle Einflüsse von Entwicklungsvorgängen und der von mir möglichen Hilfe sieht, sondern das, was auf mich zukommt, nehme ich noch immer ›persönlich‹. Daher reagiere ich auch in altgewohnter Weise unbewußt-persönlich, fühle mich sofort angegriffen und greife unbewußt wiederum an. Dies ist ein Teufelskreis, aus dem wir nur mit einer anderen, neuen Bewußtseinshaltung herausfinden: Überpersönliche Liebe zum Menschen, zur Aufgabe, zur Entwicklung aller Beteiligten, letztlich zum geistigen bzw. göttlichen Wesen, das jedem Menschen innewohnt. Daraus erwächst eine geistige Kraft, die Frieden ermöglicht: LIEBE.

Damit auch Leser, die nicht an einem unserer Seminare teilnehmen können, einen Einblick gewinnen, wie wir das Thema »Friede ist eine Kraft« behandeln, sollen hier einige Stichworte zum Seminaraufbau und -ablauf erfolgen.

Fast jeder wünscht, daß Frieden auf Erden ist. Das Motiv dafür ist in den meisten Fällen, ungestört und sorgenfrei leben zu können. Doch wie wenig Menschen gibt es, die konkret etwas für den Frieden tun. Nach den östlichen Weisheitslehren ist der Weltfriede – wie der Friede eines Landes – Ergebnis der Friedenskräfte und Friedenstaten jedes einzelnen. Jeder Bewußtseinszustand ist von einer bestimmten Kraftqualität getragen, aus der der einzelne psychisch und physisch zu handeln vermag. Er spricht damit in seiner Umwelt ähnliche Kräfte an und verstärkt sie. Ebenso sind Kräfte wie Aggression, Haß und Neid Quellen, die verwandte Kräfte und Wirkungsweisen von Menschen anziehen, so daß eine Kräfteballung entsteht, die nach Verwirklichung strebt.

Unabhängig von einer Religionsform schöpfen Menschen aus ihren Religionsvorbildern, Religionsgründern und Meistern Friedenskraft, indem sie sich auf Begebenheiten, Gleichnisse und Taten ihrer Vorbilder konzentrieren. Für uns Christen sind Aussagen wie »Meinen Frieden gebe ich euch«, »Mein Friede ist nicht von dieser Welt…« nicht nur schöne Worte. Jeder, der sich auf diese Aussagen längere Zeit konzentriert, kann erfahren, daß sie eine bestimmte Qualität von Bewußtseinszustand zum Ausdruck bringen, der eine spürbare Kraft zugrunde liegt.

Durch Gebet, Meditation, aber auch durch gedankliche Konzentration, Motivation und liebevolle Verwirklichung lassen sich solche Kräfte spürbar befreien, entfalten, erleben und in ein Werk umsetzen. Fast gesetzmäßig ziehen wir damit Menschen und Umstände an, die diese Friedenskräfte dynamisieren und potenzieren, so daß die Umsetzung in der Verwirklichung solcher Kräfte gefördert wird. Das gleiche gilt aber auch für alle Kräfte und Formen des Hasses, seien sie gegen sich oder andere gerichtet.

Jeder Mensch muß sich täglich, ja oft stündlich entscheiden, für welche Kräfte er »Kanal« sein und welche Kräfte er durch sein Leben verwirklichen will.

Dabei mag die irrige Auffassung entstehen, daß wir dann dem Egoismus und der Gewalt anderer ausgeliefert sind. Dies würde Schwäche bedeuten und wäre in keiner Weise ein Beitrag für den Frieden in unserer Umwelt. Nachgiebigkeit, Duldsamkeit, Selbstverleugnung ohne die Bewußtseinskraft des Friedens würden dem Herausforderer in seiner Entwicklung nur schaden. Sie würden ihm recht geben, daß Gewalt, Brutalität, maßlose Forderung, Aggression, und wie immer wir diese »Kriegskräfte« nennen wollen, zu Durchsetzung und Erfolg verhelfen.

Im Lehrsystem des »Raja Yoga« heißt es unmißverständlich: »Aus bewußtem Nichtverletzen wächst die Kraft des Friedens.« Es erfordert ebensoviel Intelligenz wie Liebesfähigkeit, um verantwortungsbewußt jedem Menschen gegenüber Frieden zu *leben*. Hierbei wird die Kraft des Friedens bewußt im Zusammenleben eingesetzt anstatt gegen den Unfrieden gekämpft. Es geht um die Wandlung von Kräften. Jeder erfährt dabei, daß er selbst durch diese Konfrontation und Herausforderung geläutert und gewandelt wird, bis auch die Gegenkräfte gewandelt und damit in ihrer negativen Form aufgelöst sind. Dabei können aus Feinden Freunde werden, aus Gegnern ein Gegenüber, von dem wir lernen können. Dies gilt für kleinste persönliche Bereiche wie für weltweite politische Probleme.

Solche Friedensarbeit setzt voraus, daß der einzelne zuerst fähig wird, die Bewußtseinsqualität und damit die geistige Kraft des Friedens zu erleben. Erst wenn er sie körperlich und psychisch erfahren und die Kraft des Friedens gespürt hat, vermag er sich immer wieder und immer öfter in diesen Zustand zu bringen. Durch die dabei freiwerdende Bewußtseinskraft des Friedens kann ihm vieles an neuen Einsichten bewußt werden, vermag er tiefere Zusammenhänge im Bereich von Frieden und Unfrieden zu erkennen, so daß er in eine Verantwortung hineinwächst, die ihn die rechten Mittel finden läßt, dem Gegner zu begegnen. Dann stehen nicht mehr seine Ich-Interessen im Vordergrund, sondern ein überpersönliches Ziel, das die Ziele des Herausforderers mit einschließt und nicht bekämpft.

Jeder, der aus innerer Friedenskraft zu wirken versucht,

kämpft nicht mehr gegen etwas, sondern wirkt ursächlich für ein von innen her bestimmtes überpersönliches Ziel. Die Herausforderung dazu erfolgt jedoch meistens von außen. Dabei geht es nicht um Ver-handlungen, sondern um gegenseitige Be-handlungen, wobei die Entwicklung und Zielsetzungen aller Partner aufgearbeitet und gewandelt werden. Hier läßt sich die Kraft des Friedens wirksam einsetzen, vorausgesetzt, daß die Beteiligten selbst fähig sind, in ihrem kleinen Lebensbereich Frieden zu leben. Jede Form von Schwäche bringt jedoch Rückschläge, ja Leid, und zeigt damit dem Menschen, daß er etwas falsch macht.

Nur »des lieben Friedens willen« nachzugeben ist Schwäche; denn hier wird nichts verändert und entwicklungsbedingt gewandelt. Frieden ist überpersönliche geistige Kraft, und Unfrieden, Aggression sind persönlich begrenzte, emotional geladene Kräfte.

Friedenskraft wirkt immer integrierend, statt isolierend,

Friedenskraft wirkt langsam, anstatt gewaltsam,

Friedenskraft wirkt aufbauend und wandelnd, anstatt zerstörend,

Friedenskraft wirkt durch Intelligenz, anstatt durch Gefühl,

Friedenskraft wirkt zuerst durch Stille, ehe sie Geschehen verändert.

Arbeitsvorschläge:

1. Was ist Friede?
Friede ist ein Bewußtseinszustand überpersönlicher Liebe und Weisheit, der Licht und Intelligenz harmonisch und entwicklungsbezogen verbindet. Friede ist jene Kraft unserer Seele (oder unseres geistigen Wesens), die frei wird, wenn wir

  a) uns durch Gebet und Meditation in die Stille unseres geistigen Wesens vertiefen;

  b) aus Liebe – nicht aus Schwäche! – nicht verletzen;

  c) im Bewußtsein der Verantwortung für die Entwicklung aller Beteiligten, ja letztlich jedes Lebewesens werten, wirken, reagieren und agieren.

2. Was bewirkt die Kraft des Friedens?

a) In den Menschen, die dafür bereits resonanzfähig sind, wirkt Friedenskraft verbindend sowie körperlich und psychisch heilend.

b) Für Menschen, die dafür noch nicht resonanzfähig sind, wirkt sie wie ein Same, der früher oder später aufgeht und Friedenskraft befreit.

c) Damit wirkt Friede als überpersönlich verbindende Kraft weiter von Mensch zu Mensch, von Land zu Land.

d) Friede ist eine Kraft, die einen Raum, ein Haus, einen Ort, ein Land wahrnehmbar erfüllen kann.
In dieser Atmosphäre gedeihen dann auch Verhandlungen, Abmachungen, Planungen und jede Art von Bestrebungen friedvoller.

e) Friede ist eine geistige Potenz, welche die geistige Qualität von Politikern bestimmt und diese in ihren Entscheidungen und Handlungsweisen beeinflußt. (Ein Beispiel: Unblutiger Regierungswechsel auf den Philippinen; natürlich auch Mahatma Gandhis gewaltloser Widerstand gegen die britische Kolonialherrschaft in Indien.)

f) Friede bewirkt weisen Umgang mit Macht.

g) Friede ermöglicht Geduld als hohe Form persönlicher wie überpersönlicher Liebe.

h) Friede führt im Laufe der Zeit zu Liebesfähigkeit, Heiterkeit und innerem Glück, das unabhängig ist von äußeren Umständen.

Hinweise zu Übungen im Alltag

Zu den Übungen für die Erlangung eines Friedensbewußtseins gehört auch täglich einige Zeit der Gedanken- und Gefühlskontrolle. Dadurch werden wir fähig, Kräfte in uns zu entdecken, die uns sonst nicht bewußt sind. Wir können dann erkennen, ob diese vorwiegend aufbauende oder abbauende, zerstörende Kräfte sind. Dabei geht es nicht um ein Werten mit der Einstellung: ›In mir sind ja noch so viele schlechte Gedanken‹, sondern um das Bewußtwerden dessen, was in uns vorgeht. Dann erst ist im zweiten Schritt klarzustellen, um welche Art von Kräften es sich handelt. Ein drittes ist dann die Aufgabe, destruktive Kräfte umzupolen in konstruktive bzw. schöpferische Kräfte. Diese Arbeit wird unterstützt durch bewußte Konzentration auf Friedenskräfte.

Wie können wir Vergebung, Verzeihen und ähnliche psychische Vorgänge in die Friedensarbeit einbauen? Oft sind wir der Ansicht, wenn ein Mensch gegen unseren Willen handelt oder gegen unsere Einstellung, Erwartung, Hoffnung, Motivation, daß dieser Mensch schlecht ist oder sogar Schuld auf sich lädt. Das Urteil über Schuld ist wohl die gefährlichste und unzureichendste Art und Weise, Menschen zu begegnen. Oft erhebt sich die Schuldfrage unbewußt; und daher ist es doppelt wichtig, daß wir unsere Gedanken- und Gefühlskräfte kennenlernen.

Nach östlichen Weisheitslehren gibt es keine Schuld, sondern nur ein Handeln oder Nichthandeln aus Unwissenheit, aus mangelndem Bewußtsein und daher aus unterschiedlichen Entwicklungsstufen. Keiner wird einem zehnjährigen Kind den Vorwurf machen, daß es erst in die dritte Klasse geht und noch nicht in die siebte, sondern wir akzeptieren die Entwicklungsstufe gemäß dem Alter jedes Menschen. Da aber das physische Alter nicht immer dem Entwicklungsalter bzw. Entwicklungsniveau entspricht, das wir damit als Erwartung verbinden, entstehen viele Mißverständnisse.

Hinzu kommt, daß jeder Mensch anderes und anders zu lernen hat als wir, so daß unsere Maßstäbe auch hier nicht hinreichen. Eine entwicklungsorientierte Bewußtseinshaltung gibt uns oft Aufschluß über das, was wir sonst Schuld nennen würden und zeigt uns, daß nicht die Entwicklungsstufe den Wert bestimmt, sondern daß jeder Mensch in seiner Weise in der Entwicklung steht und damit auf seinem Weg zur Selbstwerdung ist. Der Wert liegt also nicht in der Entwicklungshöhe. Oft können wir nicht erkennen, daß ein Mensch in einer intensiven Entwicklung begriffen ist, weil äußerlich nichts zu sehen ist. Wir beurteilen dies ja nach unseren eigenen Entwicklungsmaßstäben und sehen daher nicht weit genug, was sich im Bewußtsein und in der Psyche eines Menschen wirklich abspielt.

Konfrontieren uns nun Menschen mit Belastungen, Herausforderungen, mit Aggressionen, verstecktem oder offenem Kampf, so sprechen wir diese Menschen allzu leicht schuldig, oder wir gewähren ihnen großzügig Vergebung für erlittenes Unrecht oder Leid. Dabei haben nach dem Lebensgesetz der Ökonomie immer alle Beteiligten einer Situation zu lernen und damit immer auch wir. Wenn Menschen an unserer Seite versagen, ist es auch unser Versagen. Und wann immer Menschen wachsen und liebevoller werden, ist es auch unser Anteil. Wir brauchen alle einander, begegnen uns nach dem Gesetz der Entwicklung, so daß wir die für unsere und anderer Entwicklung notwendigen nächsten Schritte gehen lernen.

Da wir ja jeden Tag unbewußt oder bewußt Fehler begehen, sei es gedanklich, emotionell oder durch Handeln, ist an erster Stelle wichtig, daß wir lernen, uns selber zu vergeben. Diese Vergebung kann zu Leichtsinn führen, wenn sie nicht eine Abgabe an unser innerstes Selbst oder im religiösen Sinn an Gott beinhaltet, die zugleich um Führung und Hilfe bittet. Ich glaube nicht, daß Gott uns versucht, sondern er gibt uns Chancen oder Gelegenheiten, die uns bewußt machen können, wie labil oder stabil wir an eben der Stelle, an der wir gerade zu lernen haben, sind. Diese Bewußtseinsvorgänge der Stabilisierung und des Selbstvertrauens sind ebenso wichtig wie der Lernprozeß in einem Bereich selbst. Deshalb sind Versuchungen für jeden Menschen notwendig.

Die Bitte des Vaterunsers »und führe uns nicht in Versuchung« bekäme einen tieferen Sinn: »Und führe uns in der Versuchung!« Üblicherweise verdammen wir den oder die Menschen, die uns in Versuchung führen. Dabei sind sie nur Vermittler für ein wertvolles Angebot. Auch jene Menschen, die uns belasten und uns Schwierigkeiten bereiten, sind wir geneigt zu verdammen. Dabei sind sie unsere besten Lehrer, die uns jene Lektionen vermitteln, die wir für unsere Weiterentwicklung brauchen. Als Beispiel verwechseln wir hier den Postboten mit dem Paketinhalt! Der Postbote weiß nicht, welchen Wert er uns in ei-

nem Paket liefert. Ebensowenig wissen Menschen, die uns belasten, um den eigentlichen Gehalt und Sinn ihrer Mission. Jeder,
der zu lernen bereit ist, kann daraus lernen, und jede Belastung
enthält, wie eine Nuß den Kern, ein kostbares Geschenk. Die
Nuß will geknackt sein, doch der Inhalt kann von bleibendem
Wert sein.

Möglichkeiten für Friedensmeditationen

Für jede Friedensmeditation ist wichtig, daß wir uns zuerst selbst harmonisieren. Dies geschieht am einfachsten durch Haltungs- und Haraübungen.[1]

Auch wenn wir tagsüber sehr belastet waren, kann eine solche Sitzübung helfen, wieder zur Ruhe zu kommen, zu sich selbst zu finden, anstatt außer sich zu sein. Damit können wir auch wieder in unserer Familie und am Arbeitsplatz unseren Beitrag leisten, ohne daß wir andere durch unsere schlechte Verfassung belasten und Unfrieden in irgendeiner Form auslösen. Allein dadurch, daß wir uns immer wieder in Harmonie, also in eine gute Verfassung bringen, leisten wir bereits Friedensarbeit. Es ist eine innere Hygiene, die mindestens so wichtig ist wie die äußere!

1. Haltungsübung

a) Sich tragen lassen

Setzen wir uns entweder auf einen Stuhl oder auf ein Kissen auf den Boden. Erspüren wir den Boden, der uns trägt und lassen wir uns vom Boden tragen, so daß wir nichts mehr festhalten. – Erspüren wir, ob wir uns im ganzen Körper tragen lassen können. – Da, wo wir spüren, daß wir uns noch festhalten, in diese Körperstelle leben wir uns ein und lassen mit jedem Ausatmen etwas von der Spannung los, die wir hier spüren. – Immer wieder. –

b) Verwurzelung in der Erde

Wenn wir uns tragen lassen können, spüren wir durch den Boden hindurch in die Erde; spüren wir hin zum ›Wesen Erde‹, das uns auf seinem großen Leib unsere Entwicklung ermöglicht. – Sie

---

[1] Eine Auswahl von Hara-, Sitz-, Konzentrations- und Meditationsübungen sind in »YOGA-PRAXIS… zu finden, Herder…

gibt uns alles, was wir für unser Leben brauchen. Können wir der Erde gegenüber Dankbarkeit empfinden? – Leben wir so, daß wir die Erde nicht unnötig belasten? – Nehmen wir von ihr nur, was wir wirklich brauchen, und geben wir ihr, was für sie richtig ist? – Strahlen wir also Liebe, Freude, Dankbarkeit und Wärme mit jedem Ausatmen in die Erde! – Sind wir im Bewußtsein der Erde, der ›großen Mutter‹ verbunden? – Dann öffnen wir uns der Kraft, die von der Erde kommt, so daß wir zugleich geben und empfangen. –

c) Der Erde und dem Himmel verbunden sein
Ist unser Becken so aufrecht, daß die Kraft der Erde durch unseren Körper hindurch zum Himmel strahlen kann? – Spüren wir mit dem oberen Teil des Hinterkopfes wie mit einer Antenne zum Himmel, so daß wir dem Himmel und der Erde verbunden sind; denn wir sind ja ›Bürger beider Welten‹! – Sind wir also gleichzeitig und gleichwertig im Bewußtsein der Erde und dem Himmel verbunden? – Dann ist auch unsere Körperhaltung aufrecht und aufrichtig. –

d) Entspannte Haltung
Sind wir im Rücken entspannt? – Wenn nicht, gleichen wir die Haltung des Beckens aus, so daß der Oberkörper vom Becken getragen wird.

Hängen die Schultern und Arme locker? – Ruhen unsere Hände wirklich? – Legen wir sie entweder auf die Knie oder Oberschenkel, oder ineinandergelegt auf den Schoß. Hängt der Unterkiefer so locker, daß wir im Gesicht und bis in die Kopfhaut hinein entspannt sind? – Lassen sich die geschlossenen Augen und die Stirn noch tiefer entspannen? – Sind wir im Mund und Hals frei von Anspannungen? – Ebenso im Brustkorb, in der Leibmitte und im Beckenraum? –

e) Atem und Hara
Kann unser Atem frei strömen oder können wir ihm noch mehr Freiheit geben? – Lassen wir mit jedem Ausatmen Belastungen oder Spannungen los und geben wir sie an die Erde ab. – Immer wieder loslassen und abgeben, was jetzt noch unser Bewußtsein

besetzt hält. –

Lassen wir unsere Ich-Kräfte aus dem Kopf, Hals und Schulterbereich in das Becken abfließen, so daß unser Bewußtsein frei wird von allen Inhalten, die den Atem stocken oder eilen lassen. – Lassen wir *uns* zu Beginn jeder Ausatmung in den Schultern los und am Ende jeder Ausatmung in das Becken nieder. Lassen wir uns unmittelbar nach jedem Ausatmen vertrauensvoll in den tragenden Grund im Becken ein; dann kann uns jedes Einatmen erneuern, körperlich und psychisch. –

Erspüren wir unseren ruhenden Pol im Unterbauch, also im Hara, so daß wir in uns ruhen, in uns geborgen sind. –

2. Friede im Körper

Erspüren wir unser Kraftzentrum im Hara und erleben wir, wie es sich mit jedem Einatmen mit neuer Kraft füllt und ausdehnt, und wie sich mit jedem Ausatmen diese Kraft über alle Nerven verteilt. –

Erspüren wir uns leiblich. – Ist in unserem Körper ›Friede‹? Geben wir unserem Körper, was er wirklich braucht? Nicht zu viel und nicht zu wenig? – Sind wir in unserer Leiblichkeit so harmonisch, daß wir diesen leib-haftigen Frieden *spüren* können? –

3. Friede im Fühlen

Leben wir auch mit unseren Gefühlskräften in Frieden? Ist unser Fühlen und Erleben von Friede erfüllt, trotz mancher Belastungen und Prüfungen? – Können wir uns mit unseren Schwächen und Fehlern und mit alldem, womit wir noch nicht mit uns zufrieden sind, annehmen in dem Vertrauen, daß wir innerlich geführt und gestärkt werden, daß wir uns weiterentwickeln und daß jeder Tag, ja jede Stunde, dafür eine Chance ist, zu reifen und allmählich ›heil‹, also ›ganz‹ zu werden? – Dann können wir auch andere besser verstehen. –

4. Friede im Denken

Sind wir auch im Denken friedvoll? – Kontrollieren wir immer wieder unsere Gedanken, um zuerst negatives Denken durch lebensbejahende und aufbauende Gedanken zu ersetzen. – Ist uns unsere Verantwortung für unser Denken und Sprechen bewußt? – Bauen wir mit unseren Gedankenkräften am Frieden in uns und am Frieden unserer Umwelt bewußt mit? –

5. In sich die Quelle des Friedens suchen

Dann leben wir uns in unseren Herzraum in der Brustmitte ein und spüren tief in unser inneres Wesen hinein. – Suchen wir in unserem innersten Wesen die Quelle des Friedens. – Sind wir nach innen offen, um die Kraft des Friedens zu erfahren und bewußt zu erleben? –

6. Sich der Kraft des Friedens öffnen

Nun halten wir unser Bewußtsein frei vom Denken, Fühlen und Wollen und geben wir der KRAFT DES FRIEDENS Raum, damit sie uns bewußt werden kann. – *Erleben* wir tief in uns jene Stille, aus der FRIEDE strömt. – Stille ist die Quelle des Friedens in uns. –

(Bleiben wir so lange wie möglich in tiefer Stille gegenwärtig, damit uns die KRAFT DES FRIEDENS bewußt werden kann.)

7. Friede ausstrahlen

Nun durchstrahlen wir unser Denken, unser Fühlen und unseren Körper mit Friede. – Strahlen wir die Kraft des Friedens mit jedem Ausatmen aus. Mit jedem Einatmen nehmen wir Kraft des Friedens von innen auf, und mit jedem Ausatmen strahlen wir Friede rundherum aus, wie Sonnenlicht und -wärme. –

Strahlen wir diese Kraft nach vorne in den Raum hinein; – dann nach hinten, – nach unten und nach oben. – Begrenzen wir dieses Ausstrahlen nicht durch unser Denken oder Fühlen, sondern lassen wir die Kraft des Friedens weiterwirken, wie sie will. –

Wir strahlen sie durch unsere Wände und Räumlichkeiten hindurch weiter aus, damit auch unsere Umwelt von dieser Kraft erhält; die Erde, die Bäume und alles, was um uns ist. – FRIEDE ist heilende Kraft für Menschen und für die Natur. –

Strahlen wir jenen Frieden aus, der nicht von dieser Welt ist;

der aber die Welt neu aufbauen und gestalten kann. –

Wir können uns dabei vorstellen, daß in unserem Herzen eine strahlende, hellgoldene Sonne lebendig ist, die ihre Wärme und Kraft unabhängig von Neigungen und Begrenzungen ausstrahlt. –

Dann stellen wir uns jene Menschen vor, mit denen wir leben, sei es in der Familie oder im Beruf oder im Freundeskreis: Sehen wir sie innerlich mit dieser Sonne des Friedens strahlend und glücklich. – Sind wir bereit, auch Menschen, die uns belasten, so strahlend und glücklich zu sehen? – Haben wir auch mit ihnen Frieden geschlossen? –

Lassen wir dann die Strahlen des Friedens weiterwirken rund um die Welt. –

Vergegenwärtigen wir uns dabei:

Möge FRIEDE in unserem Herzen sein. –
Möge FRIEDE in unserer Familie sein. –
Möge FRIEDE am Arbeitsplatz und im Freundeskreis sein. –
Möge FRIEDE in unserem Lebensraum herrschen. –
Möge FRIEDE in unserem Land herrschen. –
Möge FRIEDE auf Erden sein. –

8. Beendigung der Übung

Wenn wir die Übung beenden wollen, leben wir uns wieder in unseren Körper ein und erspüren unsere Verbundenheit mit dem Boden, mit der Erde und eventuell mit der Gruppe, in der wir meditieren.

Vergegenwärtigen wir uns die Menschen und Aufgaben, die uns anschließend erwarten, sowie die Möglichkeit, Friede zu leben, Kraft und Freude allen zu bringen, mit denen wir leben. –

Dann erspüren wir unseren Atem, die Atembewegung, und vertiefen einige Male die Ausatmung, bis ein freies, tiefes Aufatmen entsteht. Wir können uns zur Erde beugen, sie mit den Händen und der Stirn berühren und danken für die Stille und Kraft, die wir innerlich erleben durften. Es ist sehr angenehm, sich nach längerer Zeit des Sitzens auf den Rücken zu legen, sich zu entspannen und in sich zu ruhen. –

Zuletzt dehnen wir uns gründlich durch und lassen ein tiefes Gähnen zu, damit keine Müdigkeit zurückbleibt. Dann setzen wir uns auf und schauen unsere Umwelt mit klaren Augen und der Bereitschaft, FRIEDE zu leben, an.

Dies ist *eine* Möglichkeit für eine Friedensmeditation. Jede Form der Stille, der inneren Bereitschaft und Bewußtheit kann einem Frieden dienen, der die Vernunft übersteigt. ›Machen‹ wir nicht Frieden, sondern lassen wir ihn aus der Tiefe unseres innersten Wesens bewußt werden, erleben wir ihn und schenken wir ihn in Form von Freude, Liebe, Vertrauen, Kraft, also durch aufbauende Möglichkeiten weiter; dann wird immer mehr von der erfahrbaren Kraft des Friedens nachströmen.

Meditationstexte für den Frieden

PEACE MNP MIR

Ohne Liebe ist das Leben sinnlos

Pflicht ohne Liebe macht verdrießlich,
Verantwortung ohne Liebe macht rücksichtslos,
Gerechtigkeit ohne Liebe macht kritisch,
Wahrheit ohne Liebe macht hart,
Erziehung ohne Liebe macht widerspenstig,
Klugheit ohne Liebe macht gerissen,
Freundlichkeit ohne Liebe macht heuchlerisch,
Ordnung ohne Liebe macht kleinlich,
Sachkenntnis ohne Liebe macht rechthaberisch,
Ehre ohne Liebe macht hochmütig,
Besitz ohne Liebe macht geizig,
Glaube ohne Liebe macht fanatisch,

(Verfasser unbekannt)

SCHALOM FRIEDE SALAM HEIWA OM

FRIEDE
ist heilende Kraft
im Menschen
in der Natur

FRIEDE
kommt
aus der
STILLE

Kraft des Friedens
heile mich
heile die Welt

Der FRIEDE DER WELT beginnt
in meinem Herzen
Möge FRIEDE in meinem Herzen sein
Möge FRIEDE in meinem Leben sein
Möge FRIEDE in meinem Land herrschen
Möge FRIEDE AUF ERDEN SEIN
Heilende KRAFT DES FRIEDENS
wirke durch mich

Bewußt Frieden leben –
damit er in der Welt ist

Absichtslose Liebe
ist
gelebter FRIEDE

Mach mich zu einem Werkzeug deines Friedens

daß ich Liebe übe, wo man haßt;
daß ich verzeihe, wo man mich beleidigt;
daß ich verbinde, wo Streit ist;
daß ich die Wahrheit sage, wo Irrtum herrscht;
daß ich Glauben bringe, wo Zweifel ist;
daß ich Hoffnung wecke, wo Verzweiflung quält;
daß ich Licht anzünde, wo Finsternis regiert;
daß ich Freude bringe, wo Kummer wohnt.

Herr, laß mich trachten,
nicht daß ich getröstet werde,
sondern daß ich tröste;
nicht daß ich verstanden werde,
sondern daß ich verstehe;
nicht daß ich geliebt werde,
sondern daß ich liebe.

Denn wer sich hingibt, der empfängt;
wer sich selbst vergißt, der findet;
wer verzeiht, dem wird verziehen;
und wer stirbt, der erwacht zum ewigen Leben.
Franziskus

Weltweiter Aufruf
zur Friedensmeditation

Nach Jan und John Price

Heilungsmeditation für die Welt

Im Anfang –
Im Anfang GOTT.
Im Anfang erschuf Gott Himmel und Erde.
Und Gott sprach: Es werde Licht.
Und es ward Licht.

Jetzt ist die Zeit für einen neuen Anfang.
Ich bin ein Mitarbeiter Gottes;
und es wird ein neuer Himmel sein, wenn der liebende Wille
Gottes auch durch mich auf Erden zum Ausdruck gebracht wird.

Die Erde ist ein Königreich des Lichtes,
der Liebe, des Friedens und des Verstehens.
Und ich trage meinen Teil dazu bei,
die Wirklichkeit dieses Königreiches zum Vorschein zu bringen.

Ich fange mit mir an.
Ich bin eine lebendige Seele
und der Geist Gottes wohnt in mir als SELBST.
ICH bin ein Kind Gottes, und alles,
was der Vater ist und hat, bin ich und ist auch mein.
Wahrlich, ICH BIN ein Kind Gottes.

Was von mir wahr ist, ist auch von jedem anderen wahr;
denn Gott ist alles und alles ist Gott.
In jeder Seele erkenne ich den Geist Gottes.

Und jedem Mann, jeder Frau und jedem Kind,
ja jeder Kreatur auf dieser Erde, rufe ich zu:
Ich liebe dich; denn du bist im Geiste ICH.
Du bist mein heiliges SELBST.

Ich öffne jetzt mein Herz; –
und ich lasse die reine Essenz bedingungsloser
Liebe ausströmen.
Ich sehe innerlich, wie diese Liebe als goldenes Licht
aus dem Zentrum meines SELBST hervorstrahlt.
Ich fühle ihre göttliche Schwingung in mir,
durch mich, über mir und unter mir.

Ich bin eins mit dem Licht.
Ich bin erfüllt von dem Licht.
Ich bin durchdrungen von Licht.
Ich bin eins mit dem Licht der Welt.

Fest entschlossen sende ich dieses Licht aus
und lasse die Strahlen von mir ausgehen,
damit sie sich mit dem Licht anderer verbinden.
Ich weiß, dies geschieht überall auf der Welt.
Das Licht aller vereint sich,
bis es *ein* Licht ist
Wir sind Licht der Welt.

Das eine Licht der Liebe, des Friedens und Verstehens
strömt aus.
Es fließt über den ganzen Erdball
und berührt und durchstrahlt jede Seele,
die im Schatten der Täuschung lebt.
Wo Dunkelheit herrschte, wohnt jetzt das Licht der Wahrheit.

Und das Leuchten wächst;
es durchdringt, es durchstrahlt jede Form des Lebens.
Jetzt gibt es nur noch die Schwingung
des einen, vollkommenen Lebens.

Alle Reiche dieser Welt antworten,
und der Planet erwacht zum Leben im Licht und in der Liebe.

Es herrscht vollkommene Einheit,
und in dieser Einheit sprechen wir das Wort:
Das Gefühl des Getrenntseins sei aufgelöst.
Die Menschheit kehre zurück zu Gott.

Friede wohne in jedem Herzen.
Liebe ströme aus jeder Seele.
Vergebung regiere jedes Gemüt.
Verständnis sei das verbindende Band.

Und jetzt antwortet aus diesem Licht der Welt,
das wir im Geiste sind,
die Eine Gegenwart und Macht des Universums.
Die Liebe Gottes heilt und harmonisiert den Planeten Erde.
Die Allmacht Gottes manifestiert sich.

Ich sehe jetzt die Rettung des Planeten.
Falsche Überzeugungen und fehlerhafte Muster lösen sich auf.
Das Gefühl des Getrenntseins ist vorüber,
die Heilung findet statt
und die Welt kehrt zurück zu geistiger Gesundheit.

Dies ist der Beginn des Friedens auf der Welt
und des guten Willens für alle Menschen,
da Liebe aus jedem Herzen strömt,
Vergebung in jeder Seele regiert,
und jedes Herz und jedes Gemüt eins ist
in vollkommenem Verständnis.

Es ist getan. Und so ist es.

Diese Meditation wurde erstmals am 31. 12. 1986 um 13 Uhr
weltweit durchgeführt. Sie sollte weiterhin zumindest an jedem
letzten Tag eines Monats aufrechterhalten werden.

Durch die am 31. 12. 1986 weltweit durchgeführte Heilungsmeditation wurde ein initialer Impuls gesetzt, um heilende Energien für unseren Planeten und seine Bewohner zu aktivieren.
Nach allem, was wir über geistige Gesetze wissen, muß eine solche Aktion Auswirkungen zeigen – nicht sofort, jedoch allmählich.

Der Impuls zu dieser planetarischen Bewußtseinsarbeit
kommt aus Amerika. Mittlerweile haben Menschen aus 33 Nationen ihre Mitwirkung zugesichert. Darunter sind eine Reihe
namhafter Institutionen wie die Findhorn Foundation, das Elisa-
beth-Kübler-Ross-Center und die Quartus-Foundation, die
diese Aktion verbreiten.

Die Methode ist für alle – unabhängig davon, ob jemand Anfänger oder Fortgeschrittener auf einem geistigen Weg ist – leicht
durchzuführen, um weltweit unseren positiven Gedankenstrom
in einem Netzwerk von Licht und Friede zu vereinen:

– Es ist keine besondere Meditationstechnik nötig. Schaffe zuerst Frieden mit Dir selbst. Wähle dazu den Weg, der Dir am
  besten zugänglich ist, z. B. Gebet, Meditation, Visualisation,
  Musik. Sende Impulse des Friedens, der Liebe und des Lichts
  aus und verbinde Dich geistig mit diesem globalen Energie-
  strom. Sei Dir bewußt, daß auf der ganzen Erde spirituell er-
  wachte Menschen mit Dir gemeinsam wirken.
  Zum Abschluß der Meditation halte ein Inbild eines friedvol-
  len, harmonischen und heilen Planeten, auf dem jedes Lebe-
  wesen alles erhält, was es zu seiner freien Entfaltung benötigt,
  im Bewußtsein aufrecht.
– Beteilige Dich an der weltweiten Friedensmeditation, zumindest
  an jedem letzten Tag eines Monats, egal um welche Zeit,
  bis auf Erden Friede herrscht.
– Informiere auch andere über diese Möglichkeit, Friedensarbeit zu leisten und der Gemeinschaft zu dienen.
– Tue an dem Platz, an dem Du stehst, alles, was in Deinen Kräften liegt, um die Welt friedvoller zu machen.
– Verpflichte Dich innerlich, Mitarbeiter am Weltfrieden zu

werden. Du kannst diesem Impuls Ausdruck verleihen, indem Du der Quartus Foundation Deine geistige Mitwirkung an der »Planetary Commission« mitteilst. Dadurch entsteht auch ein Überblick, wie viele Menschen und Nationen aktiv an diesem Bewußtseinsprozeß mitwirken.

Was ist die »Planetary Commission«?
Es ist eine weltweite Aktion, unpolitisch, keiner religiösen oder spirituellen Gruppierung zugehörig, die sich an den einzelnen wendet, um in der gemeinsamen bewußten Ausrichtung ein Ziel zu erreichen:

Friede auf Erden durch heilende Energien für unseren Planeten. Du wirst Mitarbeiter in der »Planetary Commission«, indem Du Dich als Teil einer weltweiten Gruppe verstehst, die aus Verantwortung für die Schöpfung am Frieden auf Erden mitwirkt.

Auszug aus dem 8. Bericht der Planetarischen Kommission vom Januar 1987

Ein paar Stunden nach der »Heilungsmeditation für die Welt« am 31. 12. 1986 berichteten Zeitungen über dieses größte Gruppenereignis in der Geschichte. Es wurde aufgerufen, für den Frieden zu meditieren, und Millionen sind diesem Aufruf gefolgt.

Eine Notiz von Jan Price:

Die erste Phase der Vorbereitung ist erfüllt. Jetzt beginnen wir mit dem gemeinsamen Aufbau. Wir lassen unsere Differenzen los und finden die Gemeinsamkeit. Wir geben das Urteilen auf und lassen die bedingungslose Liebe Gottes durch uns wirken und sich über die ganze Erde verbreiten. Dadurch bekommen wir Frieden, und Friede manifestiert sich. Unsere Aufgabe ist nicht das »Wie« zu überlegen, sondern einfach willig und offen zu sein, um Kanäle für die reine Energie Gottes zu öffnen, so daß seine All-Liebe zu jedem strömen kann.

Wir kommen am 31. Dezember 1987 um 12.00 Uhr (Greenwich Zeit) wieder zusammen und jedes weitere Jahr, bis alle Menschen auf Erden mitwirken, bis der letzte ins Licht findet.

Bis dahin erinnern Sie sich daran, daß jetzt eine Gedankenform des Friedens in mehr als 10 Prozent der Bevölkerung der Erde bewußt wurde.

Kommentar von John Price:

Über das Ereignis vom 31. Dezember 1986 haben wir folgende Zahlen, die auf Schätzungen verschiedener Organisationen basieren:

Gesamtzahl der teilnehmenden Länder: 77 von 7 Kontinenten.

Glaubensrichtungen:
Amerikanische Indianer
Baha'i
Buddhismus
Christentum
Hinduismus
Islam
Judentum
Shintoisten
Sikhs
Taoisten

Zahl der teilnehmenden Organisationen: 524

Geschätzte Zahl der Menschen, die für die Teilnahme an der weltweiten Meditation zugesagt hatten: über 500 Millionen. Zahl der Menschen, die teilgenommen haben: bis jetzt unbekannt.

Wir wissen, daß Friedenszeremonien in vielen Städten in Nord- und Südamerika, in Europa, Asien, Afrika, Indien und Australien stattfanden und daß mehrere Gouverneure und Bürgermeister Bekanntmachungen herausgaben, die den 31. Dezember als Weltfriedenstag beschreiben.

Wir wissen, daß Versammlungen in der ganzen Welt stattfanden: in Arenas, Stadien, Parkanlagen, Kirchen, Hotels, Tanzräumen, Restaurants, in Wäldern, auf Bergen, an Stränden und in privaten Häusern.

Was sind die Ergebnisse? Obwohl die Auswirkungen vielleicht noch nicht sichtbar sind, können wir sicher sein, daß die massive Ausstrahlung von Liebe und Licht kraftvoll im menschlichen Kollektivbewußtsein arbeitet. Wir können jetzt nicht haltmachen, und deshalb hat sich die Kommission nach dem 31. Dezember 1986 nicht aufgelöst.

Jan und ich wollen daher diesen 3-Punkte-Plan vorschlagen:

1. Bemühen Sie sich, täglich Frieden zu üben und zu leben.

2. Führen Sie jeweils am letzten Tag jedes Monats für eine Stunde eine Friedens-Meditation durch. Dies braucht nicht in der Mittagszeit zu sein, sondern wann es Ihnen am besten möglich ist.

3. Am 31. Dezember 1987 treffen wir uns mittags für die zweite, weltweite geistige Verbindung zur Heilungsmeditation für die Welt wieder. Immer am letzten Tag des Jahres wiederholen wir dies, bis jeder Mensch auf Erden teilnimmt.

Information über die »Planetarische Kommission« durch: The Quartus Foundation, P. O. Box 266833, Austin, TX 78755, USA; Tel. (512)3335-8347.

Gedanken zur Friedensarbeit
in der Gesellschaft

Sicher fallen jedem Leser auf Anhieb praktische Friedensübungen ein, wenn man sich nur einmal bewußt darauf ausrichtet.

Friedensarbeit in der Gesellschaft heißt ja nicht, daß die publikumswirksame politische Demonstration oder Aktion im Vordergrund steht, oder die bittere Forderung oder Anklage an irgendwelche vermeintlich allmächtigen Personen und Institutionen. Wirksame Friedensarbeit in der Gesellschaft heißt m. E. nach vielmehr, daß jeder einzelne Mensch sich überlegt, in welchem persönlichen Bereich, unmittelbar in der eigenen Lebenssphäre, man bewußter leben kann. Aus diesem direkten Einsatz werden sich wie von einem Stein, der ins Wasser geworfen wird, konzentrische Kreiswirkungen ergeben, die dann die Kraft des Individuums in die Gesellschaft ausstrahlen lassen.

So genügen an dieser Stelle auch wenige Gedankenanstöße, um an Selbstverständliches zu er-innern.

Friedensarbeit und Partnerschaft:
Wie verhalte ich mich gegenüber Partnern, Eltern, Kindern, Verwandten, Berufskollegen, Freunden, »Fremden« auf der Straße, im Urlaubsland, etc., etc.?
Wie ist meine innere Einstellung zur Hausgemeinschaft, zur Nachbarschaft, zum Stadtviertel oder zum Dorf, zum Landkreis, zum Bundesland, zur Nation, zum Staatenbund, zu den Vereinten Nationen, zum Planeten Erde...???
Wie fühle und denke ich über Parteien und deren Mitglieder, wie über das andere Geschlecht, über verschiedene Religionen, andere Rassen, Sprachen...???
Bin ich im Frieden mit der Schöpfung? Mit der Erde, mit den Mineralien, mit dem Pflanzenreich, mit allen Tieren? Bin ich im Frieden z. B. auch mit Verstorbenen?

In welchem Bereich, gegenüber welchen Menschen, kann ich in meiner täglichen Praxis erste einfache Schritte vollziehen, die eine unmittelbare Friedenswirkung entfalten?

Eine gute Bewußtseinsübung dazu ist zu versuchen, sich in den anderen Menschen hineinzuversetzen. Zu versuchen, dessen Interessen und dessen Gefühle nachzuvollziehen, sie als »eigene« einmal probeweise zuzulassen.

Wie würde ich mich fühlen, wenn ich z. B. von Männern ständig mit zweideutigen Blicken oder Kommentaren bedacht würde, oder scheinbar auf bestimmte Arbeitsfunktionen festgelegt wäre?

Wie würde ich mich fühlen, wenn ich aufgrund meiner Herkunft aus der Türkei oder aus Ghana als Mensch nicht gleichberechtigt anerkannt würde?

Wie würde ich mich fühlen, wenn ich aufgrund meiner Parteineigung oder wegen meiner religiösen Überzeugung von Mitmenschen Vorurteile und Klischees zu hören bekäme? Oder auch nur wüßte, daß diese so über mich denken?

Wie würde ich mich als Tier oder Pflanze fühlen, wenn ich miterleben muß, wie die »Menschen« ohne jeden Respekt – weder für den gemeinsamen Schöpfergeist noch für das Einzelbewußtsein in mir als Pflanze oder als Tier – zerstören, töten, sogar maschinenmäßig vernichten? Um welcher »Vorteile« willen?

Wie arrogant erlaube ich mir zu sein, wenn ich den wohl noch nicht erforschten und dennoch bestehenden Zusammenhang der ganzen Schöpfung einfach – wenn auch nur stillschweigend – negiere? Wie kann neues Denken, wie kann umfassender Friede Wirklichkeit werden, wenn ich mich selbst nicht geistig öffne, nicht in mir die Ganzheit unserer wunderbaren Welt wirken lasse? Wie kann ich aus – vielleicht angstvoller – Isolierung heraus erwarten, daß FRIEDE entsteht?

Es ist ja durchaus bemerkenswert, daß es zu unserer (westlichen?) Gemütsstruktur zu gehören scheint, daß wir lustvolle Anregung im sportlichen Bereich zum Beispiel fast nur dann zu spüren glauben, wenn der Gedanke von Kampf, Wettstreit, Punktezahl, Sieg (und damit auch Niederlage!) Teil des sportlichen »Spiels« ist. (Bekanntlich ist dies in etlichen »Sportarten« des Ostens nicht der Fall; s. a. das Zitat des Meisters Uyeshiba über Aikido.)

Könnten wir uns vorstellen, daß Boris Becker nicht aufgrund von mehr Punkten gewinnt, sondern die Zuschauer ihn und vielleicht Ivan Lendl nach der Schönheit des Spiels beurteilen? Was wäre davon zu halten, daß es in der Fußballweltmeisterschaft nicht um Tore und Punkte ginge, sondern um 90 Minuten elegante Pässe, schnelle Läufe, gute Schüsse, reaktionssichere Paraden? Und alles nicht gezählt, bewertet, in »Sieg« und »Niederlage« fest eingeordnet? Sicher, heute wohl noch kaum vorstellbar; denn wo liegt dann der »Reiz«?

(Übrigens: eine gute Bewußtseinsübung besteht darin, bei einem derartigen sportlichen Großereignis einmal zu versuchen, so zu fühlen, als ob man Angehöriger der »gegnerischen« Gruppe wäre. Man möge einmal dann die Bewertungen der einzelnen Aktionen in sich beobachten.)

Der »Reiz« – der Reiz, größer, schneller, mächtiger, reicher, schöner, berühmter etc. zu sein. Auf der individuellen und auf den transpersonalen Ebenen. Unsere Identifikationssüchte – nicht nur im Sport – sind schon recht absurd, wenn man sich das in Ruhe einmal überlegt. Liegen darin vielleicht die wesentlichen Ursachen für Unfrieden in der Welt?

Im folgenden Zitat zur Friedenspraxis in den gesellschaftlichen Bereichen Sport & Kampf, Partnerschaft, Ernährung, Kommunikation und ethische Grundlagen.

Damit Liebe wirklich wird

»Making Love Work« – 10 Tips, um die Liebe zwischen Partnern zu pflegen – nach Barbara De Angelis

1. Kümmere Dich um Deine Partnerschaftsbeziehung – warte nicht, bis Deine Beziehung verkümmert ist, um Dich erst dann darum zu kümmern.
2. Sag immer die ganze Wahrheit – etwas zurückzuhalten verhindert, daß Liebe weiter strömen kann.
3. Entscheide Dich lieber dazu zu lieben, anstatt recht zu haben – versöhne Dich nach einem Streit schnell wieder.
4. Versäume keine Chance, »Ich liebe Dich« zu sagen. Dem Partner zu sagen »Ich liebe Dich« teilt nicht nur eine Information mit, sondern schafft einen Kanal, durch den Liebe fließen kann.
5. Tu nie so, als ob alles in Ordnung ist, wenn es nicht stimmt. Negative Gefühle zurückzuhalten wird in Dir nur Widerwillen gegen Deinen Partner aufbauen, und am Ende wirst Du Dich von ihm/ihr abwenden.
6. Der Schlüssel dazu, liebevolle Gefühle lebendig zu erhalten, liegt darin, über jedes Ärgernis und alle Verletzungen täglich zu sprechen und sie täglich zu lösen.
7. Übe Dich darin, Konflikte zu lösen, solange sie noch geringfügig sind – kleinen Auseinandersetzungen aus dem Weg zu gehen führt schließlich zu größerem Streit, der schwieriger aufzulösen ist.
8. Gib Deinem Partner/Deiner Partnerin dreimal am Tag einen innigen Kuß; gerade so, um die gegenseitige persönliche sexuelle Anziehung (wieder) zu erregen. Das heißt ja nicht, daß man jedes Mal gleich ganz bis zum Ende gehen muß.
9. Verwende jeden Abend fünf Minuten dafür, Deinem Partner/Deiner Partnerin für den vergangenen Tag zu danken;

entweder einfach für den Kuß am Morgen oder die Mithilfe in der Küche oder die Anerkennung für Dein Aussehen.

10. Denke an die vier wichtigen Stadien, die das Absterben einer liebevollen Partnerschaft bedeuten:

Widerstand – Widerwillen – Ablehnung – Verdrängung.

Unterdrücke Widerstand (Meinungsverschiedenheiten) nicht, weil daraus sonst Widerwillen (gegen den Partner/die Partnerin) wird, der sich zu Ablehnung aufbaut und schließlich zu Verdrängung (und Unterdrückung von Partner und ursprünglichen Ursachen) führt, die das Ende einer Beziehung signalisiert.

Nach »Making Love Work – 10 Tips For Staying In Love«, von Dr. Barbara De Angelis, Begründerin der gleichnamigen Seminare für persönliche Entwicklung; Kontakt über: Making Love Work, 1904 Centinela Avenue, Los Angeles, CA 90025, USA; Tel. (001)–213–820–6600.

Warum ich als Christ Vegetarier und als Vegetarier Christ zu sein mich bemühe

Von Pfarrer R. Daur

(Aus einem Vortrag, gehalten vor der »Vegetarischen Gesellschaft Stuttgart«)

Vielleicht hat sich der oder jener unter Ihnen über mein Thema gewundert oder gar Anstoß daran genommen: »Entweder bist du Vegetarier oder bist du es nicht, entweder bist du Christ oder bist du es nicht. Es ist unlogisch zu sagen, warum ich als Christ Vegetarier und als Vegetarier Christ zu sein mich bemühe.« Ja nun, das Leben ist etwas komplizierter als die Logik.

Ich »bin« nicht Vegetarier. Ich bin es nicht, weil Vegetarier für mich viel mehr bedeutet als einen Menschen, der kein Fleisch ißt. Vegetarier, das ist für mich ein Mensch, der gereinigt ist nach Leib und Seele, durchsonnt und gesund bis in die hintersten Winkel seines Wesens, lebend im großen Rhythmus der Natur, daheim bei der Mutter Erde und beim Vater Himmel. Wer von uns Großstadtmenschen könnte das von sich behaupten?

Ich »bin« auch nicht Christ. Gewiß, ich gehöre einer Kirche an, bin sogar Pfarrer dieser Kirche. Aber Christ sein bedeutet für mich unendlich viel mehr als in einer Kartei verzeichnet sein, Kirchensteuer bezahlen, mehr auch als bestimmte Sätze für wahr halten und nach bewährten Grundsätzen sich richten. Christ sein, das heißt ein Christus sein für den Bruder, ein Helfer und Erlöser, ein Gotteszeuge und Träger seiner Kraft. Noch einmal: Wer dürfte das von sich behaupten?

Aber ich bemühe mich, ein Vegetarier, ich bemühe mich, ein Christ zu sein und immer mehr zu werden. Und zwar gerade als Christ bemühe ich mich, Vegetarier, und als Vegetarier bemühe ich mich, Christ zu sein, zu werden.

Aber, so wird vielleicht mancher fragen, hat denn das etwas miteinander zu tun? Liegt das nicht auf ganz verschiedenen Ebenen? Vegetarismus ist eine Sache der Ernährung, des leiblichen Lebens, Christentum ist eine höchst innerliche Angelegenheit der Seele.

Ich wurde einmal in Locarno in einem Erholungsheim von einem Amtsbruder, der mir bei Tisch gegenüber saß, gefragt: »Bruder Daur, warum sind Sie Vegetarier? Wenn Sie es aus gesundheitlichen Gründen sind, lasse ich es gelten. Wenn aus religiösen Gründen, dann lehne ich es ab.« Ich mußte ihm erwidern, daß just das letztere durchaus der Fall sei. Mir geht es nicht in erster und letzter Linie um meine werte Gesundheit, nicht darum, wie man am meisten Aussichten hat, 100 Jahre alt zu werden; auch nicht um die viel diskutierte Frage, ob vegetarisch zu leben billiger sei oder teurer als die herkömmliche Art, sich zu ernähren. Vegetarismus ist mir auch nicht so sehr eine ästhetische Angelegenheit, obwohl ich ganz offen sagen muß: Ich begreife es nicht, daß ein Kulturvolk... es erträgt, daß in Schaufenstern zerstückelte Tierleichen herumhängen und auf Wagen von jungen Burschen solche Leichenteile durch die Straßen gefahren werden. Man wird in späteren Zeiten einfach nimmer begreifen, daß die Augen und die Nerven solch eine Barbarei und Roheit im 20. Jahrhundert noch ausgehalten haben.

Aber das alles ist für mich letztlich nicht entscheidend. Die Gründe für meinen Vegetarismus liegen tiefer. Dabei mache ich aus dem Vegetarismus keine Weltanschauung. Aber meine »Weltanschauung«, wenn man so will, mein Blick für das Ganze der Welt, meine innerste Überzeugung und Haltung führen mich zum Vegetarismus. Und wiederum mein Vegetarismus, die Gestaltung meines Lebens und die Erfahrungen, die ich dabei mache, führen mich immer neu und, ich hoffe, immer tiefer hinein in christliches Denken und Leben.

Und damit nun also zum eigentlichen Thema. Zunächst zu seiner 1. Hälfte, *warum ich als Christ mich bemühe, Vegetarier zu sein.*

Nicht etwa, weil bestimmte Vorschriften in der Bibel stünden, durch die das Fleischessen verboten wäre. Man hat das ja schon gemeint. Man hat etwa hingewiesen auf das 5. Gebot: du sollst nicht töten, und gesagt, das gelte ganz allgemein, also auch dem Tier gegenüber. Oder man hat an den Kampf der alttestamentlichen Propheten gegen den Opferkult erinnert, an die grollenden Worte eines Jesaia: Ob ihr schon viel betet, höre ich euch doch nicht, denn eure Hände sind voll Blut; eines Jeremia: Haltet ihr denn dies Haus, das nach meinem Namen genannt ist, für eine Mördergrube? An jenen dunklen Spruch aus dem letzten Kapitel des Jesaiabuches: Wer einen Ochsen schlachtet, ist eben als der einen Mann erschlüge. Man hat auf das Beispiel Jesu verwiesen und mancherlei gewichtige Gründe angeführt für die Annahme, daß er Vegetarier und Abstinent gewesen sei.

Aber das alles scheint mir nicht durchschlagend zu sein. Daß der Schöpfer des Dekalogs (der 10 Gebote vom Sinai) bei dem Satz: »Du sollst nicht töten« auch an die Tiere gedacht hätte, ist höchst unwahrscheinlich, und daß neben den Prophetenworten, die gegen das Tieropfer und damit gegen das Schlachten zu sprechen scheinen, auch ganz andere stehen, ist offenkundig. Das Anliegen der Propheten ist auf jeden Fall nicht der Kampf gegen den Fleischgenuß, sondern der Kampf gegen eine veräußerlichte Frömmigkeit. Und endlich das Beispiel Jesu: Ich kann das ganze Problem, ob Jesus Vegetarier gewesen ist oder nicht, hier nicht in der Kürze aufrollen. Ob er es war oder nicht, es hieße ihn völlig mißverstehen, wenn man meinte, er sei ein Gesetzgeber gewesen, der strenge Befolgung seiner Vorschriften, sklavische Nachahmung seines Beispiels gefordert hätte. Wo der Geist des Herrn ist, da ist Freiheit.

Wenn ich als Christ Vegetarier zu sein mich bemühe, so hat das seinen Grund erst recht nicht darin, daß ich als Christ »das Fleisch« verachte, die Erdenfreuden ablehnte und ein düsteres, asketisches Leben von mir und anderen forderte. Ganz im Gegenteil. Der Weg Jesu, so eng und einsam, so hart und steil er erscheint und ist, er ist doch der Weg der Freude. Mehr Freude ist darum die Losung des Christen. Aber allerdings um reinere, echtere Freude handelt es sich, als Braten und Alkohol sie je hervorzubringen vermögen.

Drei positive Gründe möchte ich anführen, die mich als Christen veranlassen, ein vegetarisches Leben zu führen oder doch zu erstreben.

1. Ich weiß als Christ um die Unverbrüchlichkeit der ewigen Gottesordnungen. Irret euch nicht, sagt die Bibel, Gott läßt seiner nicht spotten. Der Schöpfer hat jedem Geschöpf seine Lebensordnung gegeben. Verstößt es gegen diese, so rächt sich das mit Unerbittlichkeit. Es kann aber darüber nach allen Erfahrungen der Menschheit und nach allen Untersuchungen neuerer Wissenschaft gar kein Zweifel sein, daß die naturgegebene Lebens- und Ernährungsweise des Menschen die vegetarische ist: Dafür spricht auf das deutlichste Gebiß, der Magen, der Darm des Menschen, dafür sprechen die Forschungen von Männern wie Bircher-Brenner, Hindhede, Ragnar Berg und die Erfahrungen ungezählter, die den Sprung aus der Fleischküche in den Obstgarten gewagt haben und ihn nicht wieder rückwärts tun möchten. Auch die Bibel hat uns dafür in ihrer Urgeschichte ein klares Zeugnis gegeben: Die Urnahrung des Menschen sind die Früchte der Bäume. Nur der von Gott abgefallenen Menschheit werden Zugeständnisse gemacht, Zugeständnisse, deren Folgen dann freilich nur zu offenkundig sind.

Dazu kommt ein 2. Grund: Ich weiß mich als Christ verantwortlich für die Brüder. Ich bin nicht allein und nicht für mich selbst auf dieser Welt. Die Frage ist nicht: Was schmeckt mir am besten? Nicht einmal: Was bekommt mir am besten? Ich soll und darf als Christ mein kleines Tun in großen Zusammenhängen sehen. Und da kann ich nicht übersehen, wie eng der Fleisch-»Genuß« mit dem Alkoholismus und dem Nikotinismus, mit diesen beiden unheimlichen Volkslastern und Elendsquellen, zusammenhängt. Die Frau des prächtigen Gründers der Heilsarmee, des Generals Booth, dieses gütigen, erfolgreichen und genialen Menschenfreundes, der übrigens auch, fast möchte ich sagen, selbstverständlich Vegetarier war, Frau Booth leitete viele Jahre hindurch eine Trinkerheilstätte. Sie merkte, daß wirkliche Erfolge bei diesen armen Opfern der Trunksucht nur zu erzielen waren, wenn ihre Ernährung eine von der herkömmlichen völlig abweichende, d. h. eine streng vegetarische war. Es ist ja auch klar: Wenn Leichen nicht in Verwesung übergehen sollen, müssen sie in Alkohol gelegt oder in den Rauch gehängt werden. Den Alkoholismus oder den Nikotinismus bekämpfen und in der Ernährung alles beim alten lassen, das heißt Wasser in ein Sieb schütten.

Nur streifen will ich im Vorübergehen den engen Zusammenhang zwischen der Ernährung des Menschen und der Politik. Ist's ein Zufall, daß Gandhi, der gewaltige Freiheitskämpfer, strenger Vegetarier war? Hat Leonardo da Vinci, einer der genialsten und universalsten Menschen aller Zeiten, nicht tiefer geschaut als viele heutige Pazifisten, wenn er das Wort geprägt hat, das Tolstoj wieder aufnahm und den Seinen einprägte: Solange es noch Schlachthäuser gibt, wird es auch noch Schlachtfelder geben? Müßten wir nicht bei unserem Kampfe gegen das Elend in der Welt, vor allem gegen das Kriegs- und Nachkriegselend, viel ernster nach den eigentlichen Ursachen fragen, statt immer nur Symptome zu behandeln?

Und noch eins: Ich will nicht, daß es noch länger Metzger gebe. Ich erschrecke jedesmal, wenn mir einer meiner netten Konfirmandenbuben auf die Frage, was er werden wolle, antwortet: »Metzger«. Dabei weiß ich genau, daß es sehr anständige, menschliche und freundliche Metzger gibt. Aber daß es Menschen geben soll, die tagaus, tagein töten, Tiere, die auch gern leben, die auch Mütter haben, die sie lieben, töten und zerstückeln, dagegen empört sich etwas in mir. Ich glaube nicht, daß das bloß Sentimentalität ist. Ich kann mir nicht helfen, aber ich meine: Schlachthäuser und Schlächter, das gehört zu den Dingen, die es nicht geben sollte, und so viel an mir liegt, will ich nicht mitschuldig sein, daß es sie noch länger geben muß; um der Seele dieser Menschen willen will ich dazu helfen, daß sie eine andere, schönere, edlere Arbeit tun dürfen.

Aber zu den Brüdern, für die ich mich als Christ verantwortlich weiß, gehören auch die stummen Brüder, gehört das Kälblein und das Reh, das Ziegenböckchen und die Taube auf dem Dach, wie der Fisch, der in der blauen Flut spielt. Glauben wir wirklich, sie seien uns zur Nahrung geschaffen? Kümmern uns die Qualen, von denen in dem erschütternden Büchlein »Unsere Tierbrüder« die Rede ist, gar nicht, uns »Christen«?

Und gibt es uns gar nicht zu denken, daß große, weise, gütige Menschen von Pythagoras und Platon bis zu Tolstoj und Mathilda Wrede, Nietzsche und R. Wagner, C. R. Gregory und A. Schweitzer, von Gandhi ganz zu schweigen, hier wie eine Wolke von Zeugen sind, die nun eben doch das alte Gebot in einem neuen, tieferen Sinn erfassen und erfüllen: Du sollst nicht töten!

Ich gestehe, daß ich diesen kindlichen Glauben habe, an die kommende Erlösung auch der Kreatur. Und das ist ein 3. Grund, aus dem heraus ich als Christ mich bemühe, Vegetarier zu sein. Ich kann das Bild, das Jesaia im 11. Kapitel seines herrlichen Buches uns entwirft von dem Frieden, der die ganze Schöpfung, auch die Raubtiere umspannt, ich kann es nicht für eine leere Träumerei halten. Ich kann auch nicht die Worte des Apostels von der ängstlich seufzenden Kreatur, die wartet auf die Offenbarung der Kinder Gottes, als pathetische oder symbolische Rederei betrachten. Ich glaube an diese kommende Erlösung der ganzen Schöpfung, weil ich glaube an den gekommenen Erlöser. Ob Jesus zu seiner Zeit Fleisch gegessen hat oder nicht, Alkohol getrunken hat oder nicht, kümmert mich wenig. Ich glaube es nicht, daß er es getan hat. Aber wenn schon. Sein Geist führt uns weiter von Schritt zu Schritt in immer neue Aufgaben und Erkenntnisse, in immer neue Befreiung und Erneuerung hinein. Jesus und ein Schlachthaus, das geht nicht zusammen. Ich kann mir am Eingang einer Schule, eines Krankenhauses, eines Erholungsheimes, sogar eines Parlaments ein Bild Jesu denken – ich meine sogar, es würde recht wohl dahin passen und eine eindringliche Sprache sprechen – aber ein Bild Jesu am Eingang eines Schlachthofs, nie und nimmer! Der im Stall bei Ochs und Eselein geboren ward, der draußen war in der Wüste bei den Tieren, der als der Friedefürst auf dem Esel reitend in seine Stadt einzog, er bringt auch den Tieren, unseren jüngeren Brüdern, wie sie M. Kyber nennt, die Befreiung.

Die Erlösung, die gekommen ist, die Erlösung, die kommen soll, diese unaussprechliche und unausdenkbare Gabe Gottes ist aber zugleich unsere Aufgabe. Christen sollen und dürfen etwas tun gegen die Greuel, die noch geschehen auf Erden. Christen sollen nicht schweigen zu dem Unrecht, das unterdrückten Völkern geschieht. Wehe, daß wir zu dem geschwiegen haben, was den Juden angetan wurde, wehe, daß wir nicht leidenschaftlicher protestiert haben, als schwache, kranke Menschen in die Vergasungsanstalten verschleppt wurden, wehe, wenn wir schweigen zu dem, was heute in Korea, in Südafrika und wo immer hilflosen Menschen angetan wird. Dürfen wir schweigen zu den Ängsten, Martern und Todesqualen unserer »jüngeren Brüder«?

Der Friede ist unteilbar. Was Selma Lagerlöf uns sagt in jener tiefsinnigen Weihnachtslegende »Gottesfriede«, daß nämlich das Kommen des Christus den Frieden bedeute zwischen Mensch und Kreatur und daß die Störung dieses Friedens Schuld ist, die sich bitter rächt, haben wir das schon einmal ernsthaft bedacht?

Ich darf nun zum andern noch einiges sagen: *Warum ich als Vegetarier mich bemühe, Christ zu sein.* Auch hier zunächst wieder ein Negatives. Nicht darum bemühe ich mich, als Vegetarier Christ zu sein, weil ein Vegetarier doch selbstverständlich ein anständiger Mensch und ein anständiger Mensch selbstverständlich auch Christ ist. Eins ist so fraglich wie das andere. Man kann, vergessen wir das nicht, Vegetarier sein, Tierschützer, Tierfreund und doch ein rücksichtsloser, brutaler Egoist. Es hat Politiker gegeben, ich brauche keine Namen zu nennen, die eifrige Vegetarier waren, zum mindesten dafür galten, und die erbarmungslos Tausende von Menschen hinschlachten ließen. Und man kann ein anständiger Mensch sein und doch weit entfernt davon, den schmalen, sehr schmalen Weg zu Jesu zu gehen.

Der positiven Gründe, aus denen ich mich als Vegetarier bemühe, Christ zu sein, sind wiederum drei.

Zum ersten: Ich sehe, wie unendlich groß die uns gestellte Aufgabe ist und wie klein meine Kräfte sind. Es geht mir ja, wie gesagt, nicht allein darum, für mich die natürlichste und bekömmlichste Ernährungs- und Lebensweise zu finden. Es geht um einen Angriff auf die ganze bisherige Kultur, vielmehr Unkultur der Menschheit, um das Legen eines neuen Fundaments, auf dem allein Freude, Wohlfahrt und soziale Gerechtigkeit gedeihen können. Was bin ich kleines, unbedeutendes Menschenkind mit meinen paar wenigen, ach viel zu wenigen Gesinnungsgenossen gegenüber diesem Berg von Vorurteilen, Trägheit, Genußgier usw.! Müßte ich nicht erlahmen und erliegen, wenn ich nicht wüßte um Quellen der Kraft, um verborgene und doch sehr reale Hilfe und Helfer? Um sie wissen, ihnen vertrauen, das heißt ja doch Christ sein. Zum zweiten: Ich erkenne, wie gefährlich der Weg des Vegetarismus ist, und ich brauche einen Schutz gegen diese Gefahren. Vielleicht wundern Sie sich über diese Begründung und Behauptung. Inwiefern soll der Vegetarismus gefährlich sein? Ist er nicht der sicherste, geradeste, schnellste Weg zu Gesundheit, Lebensfreude und -erfolg? Mag sein. Aber die Gefahren liegen tiefer und sind darum nur um so größer. Was ich meine, ist die Gefahr des Hochmuts und der Lieblosigkeit, der starren Gesetzlichkeit und Ängstlichkeit, des Pharisäismus und Fanatismus. Wie viele, die das Beste wollen, die kühn aufwärts streben, stürzen jäh in diese Abgründe! Man meint, den Teufel zu bekämpfen – in den andern selbstverständlich – und merkt nicht, daß er einen selbst am Kragen hat, in einer Vermummung – o wie viele und mannigfaltige Vermummungen hat der Teufel! – in der er schwer erkannt wird und darum besonders große Triumphe feiert.

Und endlich: Ich kann den Glauben nicht fahrenlassen an die Vollendung der Schöpfung Gottes. Gerade als Vegetarier, als Freund und Schützer alles Lebens bekomme ich einen neuen Blick für das Elend und die Lasten, unter denen die ganze Kreatur seufzt. Ich kann mich nicht damit abfinden, daß das ewig so weitergehen soll oder daß es ja schließlich einmal ein Ende finden werde im allgemeinen Hitze- oder Kältetod. Ich kann nicht leben ohne den Glauben an den Sieg der Güte, der Barmherzigkeit. Wenn's auf uns allein ankäme, wäre dieser Glaube Blindheit und Wahnsinn. Aber ich bin durchdrungen von der Gewißheit – auch und gerade im Gedanken an die großen Verheißungen der Propheten: Was er sich vorgenommen und was er haben will, das muß doch endlich kommen zu seinem Zweck und Ziel. Und darum bin ich eben als Vegetarier Christ oder bemühe mich doch, mehr und mehr einer zu werden.

Es wäre noch viel dazu zu sagen. Aber diese Andeutungen mögen genügen, um Ihnen deutlich zu machen, wie eng und untrennbar das beides für mich zusammengehört, mein Christsein und mein Vegetariersein, mein Streben danach, daß ich das eine und daß ich das andere immer mehr werden möchte.

Es wäre falsch und gefährlich, wollte man nun aus dem Gesagten den Schluß ziehen: Also müssen alle Christen Vegetarier und alle Vegetarier Christen werden. Ich habe der großen Erzieherweisheit, die jeden Menschen auf eigene und oft seltsame Weise zu sich ruft und zu einem wahren Sein führt, keine Vorschriften zu machen. Die Menschen haben auch ganz verschiedene Aufgaben. Es mag sein, daß einer, um die eine Aufgabe recht zu erfassen und anzupacken, die andere übersehen, zurückstellen darf und muß. Darum ist es uns, gerade uns, verwehrt, irgendeinen, der andere Wege geht als wir, etwa einen Nichtvegetarier, einen Nichtabstinenten, deshalb schief anzusehen.

Ich habe auch nicht das Recht, von irgendeinem Menschen zu fordern, daß er Christ sei. Auch da sind die Wege Gottes mit seinen Kindern sehr mannigfaltig, und er hat sich die Stunde vorbehalten, in der er sie ruft, und die Weise, wie er es tut.

Aber den Wunsch habe ich allerdings, es möchten die Christen die Fragen gesunden körperlichen Lebens, auch und gerade die Frage der naturgemäßen Ernährung, viel ernster nehmen als bisher, und es möchten die Lebensreformer einen immer offeneren Blick bekommen für die große Reform des Lebens, die der forderte, brachte und bringt, der spricht: Siehe, ich mache alles neu.

Letztlich geht es nicht um einen Wunsch oder eine Forderung an andere, sondern um eine Frage an uns selbst, an dich und mich: Solltest du nicht, der du Christ sein willst, den Ruf der Zeit zu einer Neugestaltung auch deines Lebens mit größerer Bereitschaft hören und nicht mehr in träger Gewohnheit oder in vermeintlich überlegener Geistigkeit spötteln über »die -ismen der Weltverbesserer«, sondern ganz schlicht fragen: Herr, was willst du, daß ich tun soll? Und du, der du in deiner Lebensweise neue Wege gehst, solltest du nicht immer freudiger dich öffnen für die frohe Botschaft von dem, der kam, unser Bruder zu sein und uns, uns alle, ja alles, was Odem hat, zu Brüdern zu machen im Reiche des Vaters?

Brüder, hört das Wort, daß es Wahrheit werde,
und dereinst die Erde Gottes Ort.

Sonderschrift, hrsg. von der »Gemeinschaft christlicher Vegetarier und Lebensreformer«; Kontakt über: Johannes Haspelmath, Landesstr. 7, D-3204
Nordstemmen-Barnten; Tel. (05066)-7449.

Entscheide Dich zur Kommunikation

Von Robert Muller

Entscheide Dich zur Kommunikation
Nutze jeden Brief, den Du schreibst
Jedes Gespräch, das Du führst
Jedes Treffen, an dem Du teilnimmst
Um Deine fundamentalen Überzeugungen
und Träume auszudrücken.
Bestärke andere in Deiner Vision der Welt
Schaffe ein Netzwerk der Gedanken
Ein Netzwerk der Handlungen
Ein Netzwerk der Liebe
Ein Netzwerk des spirituellen Geistes.
Du bist im Mittelpunkt eines solchen Netzwerkes
Du bist der Mittelpunkt der Welt
Du bist eine freie, unglaublich mächtige Quelle
Des Lebens und der Güte.
Bestärke dies
Verbreite es
Strahle aus.
Denke Tag und Nacht daran
Und Du wirst ein Wunder erleben:
Die Großartigkeit Deines eigenen Lebens.
In einer Welt der Großmächte, der Medien und Monopole
Aber der mehr als viereinhalb Billionen Individuen
Ist die Schaffung von Netzwerken die neue Freiheit
Die neue Demokratie
Eine neue Form des Glücks.

Zehn Gebote

Von Robert Muller

Zehn Gebote für die Menschheit

1. Liebt Euch alle untereinander, liebt Euren Planeten, Eure Familie, die Gottheit des Universums und Euer eigenes wundervolles Leben mit all Eurer Herzenskraft, mit allen Gefühlen, von ganzer Seele und mit all Eurer Stärke.
2. Praktiziert Wahrhaftigkeit, Freundlichkeit und Toleranz untereinander.
3. Tötet niemals einen menschlichen Bruder oder eine menschliche Schwester, nicht einmal im Namen einer Nation oder einer Religion.
4. Produziert, handelt oder benutzt keinerlei Waffen oder Instrumente der Gewalt.
5. Seid niemals gewalttätig gegeneinander, weder körperlich noch in Worten.
6. Respektiert Leben, Frieden, Glück und Einzigartigkeit aller Eurer menschlichen Brüder und Schwestern.
7. Arbeitet zusammen, helft Euch gegenseitig, inspiriert Euch.
8. Tragt mit Eurem Frieden, Liebe und Glück aktiv bei zu Frieden, Liebe, Glück der Familie der Menschheit.
9. Lebt in Einklang mit Euch selbst, in Harmonie mit Euren Eltern, Euren Kindern, Eurer Umwelt, mit der ganzen Menschheit und dem Gott des Universums.
10. Lebt ein verantwortliches Leben im Einklang mit den übergeordneten Interessen unseres Planeten und der Familie der Menschheit.

Zehn Gebote für alle Gruppen und Institutionen

1. Praktiziert Wahrhaftigkeit, Toleranz und Respekt voreinander.
2. Lebt in Einheit, Unterschiedlichkeit und Zusammenarbeit miteinander und untergrabt Euch nicht gegenseitig.
3. Bringt Eure Aktionen und Interessen in Einklang mit den höchsten Interessen unseres Planeten und der Familie der ganzen Menschheit.
4. Produziert, handelt, besitzt und benutzt keinerlei Waffen.
5. Übt keine Gewalt aus, weder physisch noch verbal, und legt Eure Differenzen mit friedlichen Mitteln bei.
6. Verlangt von Euren Mitgliedern niemals, daß sie töten, Gewalt ausüben oder sich unethisch verhalten.
7. Respektiert die Charta der Vereinten Nationen sowie die einstimmig gefaßten Regeln und Empfehlungen, die Verhaltensweisen und ethischen Einsichten, in welchen die gesamte Menschheit übereinstimmt.
8. Gebt Euch interne Gesetze und moralische Regeln im Einklang mit dem höchsten Interesse unseres Planeten und der ganzen Menschheit.
9. Schützt die geheiligten Rechte der einzelnen menschlichen Person und gehorcht den Vorgaben der Vereinten Nationen über die universellen Menschenrechte.
10. Sichert inneren Frieden, Liebe und Glück Eurer Mitglieder und lebt in Harmonie mit unserem Planeten, mit der ganzen Menschheit und mit der Gottheit unseres Universums.

Zusammen *werden* wir Frieden, Liebe und Glück für alle auf unserem wunderschönen Planeten schaffen, der Lebensformen zusammenführt und im atemberaubenden, geheimnisvollen, unauslotbaren Universum kreist und sich entwickelt.

Friedensbewußtsein aus einem spirituellen Lebensweg

Ein Gespräch mit der Yoga-Lehrerin Anneliese Harf

Yoga – der indische Übungsweg zur Bewußtwerdung und ganzheitlichen Gesundung – feierte in Deutschland einen seltenen Geburtstag: Am 11. November 1987 waren es 25 Jahre, ein Vierteljahrhundert, systematischer Yoga-Schulung im Münchner Yoga-Zentrum von Anneliese Harf und ihren Mitarbeitern.

Yoga – bekanntlich Jahrtausende alt – wurde erst um die Jahrhundertwende, vor allem durch Vivekananda (Raja-Yoga etc.) im Westen verbreitet. Boris Sacharow und Selvarajan Yesudian galten als wichtigste Lehrer, die nach dem 2. Weltkrieg in Deutschland den klassischen Yoga vermittelten. Schon bald erkannte Anneliese Harf, die aus den Methoden der beiden großen Yogalehrer schöpfen durfte, die Notwendigkeit zu einem besonderen Yoga-Übungsweg für den Westen, also für »Yoga im Westen«.

Anneliese Harf erfuhr zunächst durch eigene intensive innere Erlebnisse, dann verstärkt durch Kursteilnehmer, daß der klassische indische Yoga nicht ohne weiteres gefahrlos übernommen werden kann. Sei 1962 erarbeitete sie deshalb ein Kurssystem, das eine organische Entwicklung von Selbstbewußtwerdung und ganzheitlich geführtem Leben ermöglicht.

In Indien wurde der klassische Yoga ja vorwiegend von Menschen ausgeübt, die sich dafür bewußt vom Leben zurückgezogen hatten. Im Westen dagegen ist Yoga eher als praktische Lebenshilfe notwendig, weil ein so totaler Rückzug vom Leben in den wenigsten Fällen realisierbar ist, auf jeden Fall aber wohl nicht sinnvoll. Denn uns hier im Westen muß es um die Verwirklichung einer Lebensganzheit gehen. Im indischen Yoga sind viele Übungen, gerade im Hatha-Yoga und bei den Pranayamas, auf die Aktivierung und das Überleben in der Natur gerichtet. Wir indes müssen im Regelfall lernen, loszulassen und zuzulassen. Überdies führt bewußte Kraftlenkung im klassischen Yoga oft zu okkulten Phänomenen und Kräften (z. B. Kundalini-Erfahrungen mit großer Hitze, Hellsichtigkeit, vorzeitiger oder gewaltsamer Öffnung von Chakren), die wir nicht ohne weiteres handhaben können, wenn wir noch nicht besonders geläutert sind und unsere Motivation nicht spirituell ausgerichtet ist.

In diesem Sinn integriert der Kursaufbau von Anneliese Harf wichtige östliche Yogaformen in unsere westliche Denk- und Lebensweise. Anneliese Harf war übrigens auch Mitbegründerin und 1. Geschäftsführende Vorsitzende des BDY e.V. (des Berufsverbandes Deutscher Yoga-Lehrer).

Über das Münchner Yoga-Zentrum hinaus hat ihre Lehrmethode »Yoga im Westen« nicht nur durch Bücher und Übungskassetten viele Menschen erreicht, sondern sie hat auch durch wöchentliche Yogasendungen im SWF II über 10 Jahr hinweg eine breite Öffentlichkeit angesprochen.

Beispiele für eine Kursabfolge, die sich insgesamt über 10 bis 12 Jahre erstrecken kann:

Atmungs- und Entspannungspraxis: Wiedergewinnung des natürlichen Atems als Grundlage für Yoga-Atmung; Aufhebung von Fehlatmung und Fehlspannung.
Hara: Erleben der Kräfte aus der »Erdmitte« im Beckenraum als Voraussetzung für die Bewußtwerdung der Kräfte der Herz- und Himmelsmitte. (Anneliese Harf wurde noch persönlich von Graf Dürckheim ausgebildet!)
Lebens- und Ernährungsweise: Gesundheitspraxis im Alltag.
Hatha-Yoga: Von der behutsamen Vorbereitung für Anfänger bis hin zu schwierigeren Asanas für Fortgeschrittene und unter Berücksichtigung der physiologischen, psychologischen und philosophischen Hintergründe der Übungen.
Konzentrationstheorie und -praxis: Elemente aus dem Raja-Yoga, gestaltet für den Westen.

Meditation: Von der gegenständlichen bis zur Seins-Meditation.
Feinstoff- und Chakralehre: Zusammenhänge und Anwendung von geistigen, psychischen und physiologisch wirkenden Kräften im Menschen.
Raja-Yoga: Das klassische System des Raja-Yoga, westlich erläutert und für die Lebenspraxis vermittelt.

Beim Ausbau des Münchner Yoga-Zentrums, das Anneliese Harf 1962 zusammen mit Herrn Karl Lorenz Mesch zuerst als Hrydaya-Ashram gründete und anschließend als Neuorientierung auf Yoga im Westen allein weiterführte, war neben anderen Mitarbeitern ab 1965 ihr Mann Paul Bergauer † maßgeblich beteiligt. Er unterrichtete auch 13 Jahre lang Yoga in der Justizvollzugsanstalt Stadelheim für dort untergebrachte Untersuchungshäftlinge.

Heute hat das Münchner Yoga-Zentrum etwa 20 meist nebenberufliche Mitarbeiter und bietet ca. 150 Kurse in und bei München an, vielfach auch an Volkshochschulen. Außerdem leitet Anneliese Harf auch Seminare zu einem Themenspektrum, das von Konzentration und Meditation über Liebe und Partnerschaft bis zum Umgang mit dem Tod reicht.

Ein neuer Schwerpunkt im Münchner Yoga-Zentrum, seit 3 Jahren, ist die Friedensarbeit. Anneliese Harf sieht darin eine große Chance, Frieden als Bewußtseinszustand auf der Grundlage der eigenen intensiven Yogapraxis zu verwirklichen. Andererseits ist jede Friedensarbeit, die nicht demonstrativ oder politisch ist, eine Bewußtseinsschulung, die wiederum die eigene Yogapraxis entscheidend vertieft. Daraus ist dieses neue kleine Buch entstanden: »Himmel und Erde verbinden – Bewußtseinsschulung und Friedensarbeit«. (D. Hrsg.)

Ein Gespräch des Herausgebers mit Anneliese Harf

Wann hat Dein Interesse für Dinge, die mit der Bewußtseinsent-wicklung zu tun haben, angefangen? Inwieweit hat Deine Fami-lie das mitgeprägt, welche Eindrücke und Hilfen hat es da gege-ben? Wie bist Du aufgewachsen?

A: Ich bin 1930 in München geboren und aufgewachsen. Meine Eltern waren sehr musikliebend, meine Mutter war eine der ersten Klavierlehrerinnen in Deutschland, die vor dem I. Weltkrieg ihre Prüfung abgelegt hat. Mein Vater arbeitete erst bei einer Versicherung und später dann bei BMW. Bei uns wurde viel musiziert; mit 3 Jahren habe ich schon angefangen, Klavier zu spielen. Mein Vater hat jeden Sonntag gern und gut gekocht und sich währenddessen von der Mutter und mir bestimmte Stücke gewünscht, die wir dann spielten. Er hat selbst übrigens Geige gespielt, oft mit meiner Mutter zusammen. Ich erinnere mich an mein Elternhaus als immer sehr liebevoll.

Deine Jugend fiel in die Zeit vor und während des II. Weltkrie-ges. Wie hast Du diese Zeit erfahren, gab es auch schon erste poli-tische Empfindungen und Meinungsbildungen?

A: Mein erstes wirkliches Bewußtseinserlebnis, man kann sa-gen, eine Bewußtseinserweiterung, hatte ich mit 9 Jahren. Ich empfand eine tiefe Sehnsucht nach Gott und hatte über eine län-gere Zeit hinweg »Lichterscheinungen« und auch »Austritts«-erlaubnisse.

Mit 14, das war 1944 und München wurde von Fliegern ange-griffen, mußten wir häufig in den Luftschutzkeller. Wir waren damals schon dreimal ausgebombt, wir hatten nichts mehr – so-gar die Kleidung und die Schuhe, die wir gerettet hatten, wurden uns durch Phosphorbomben vom Leib weggebrannt. Dann kam ein besonders schwerer Angriff, wir lagen alle am Boden und wurden richtig durchgebeutelt – da wurde mir bewußt: Ich kann nichts mehr verlieren außer meinem Leben und dem meiner Eltern. Und dann kam wie ein Blitz eine ganz neue Einsicht: Mein LEBEN kann ich nie verlieren, mein Bewußtsein kann ja nie zerstört werden. Das war eine so gravierende Einsicht, von der ich damals natürlich nicht wußte, woher und warum sie kam, und weshalb ich alle Angst verlor.

Was hast Du aus dieser Zeit mitbekommen, was auf Dich als Anstoß für Deine spätere Bewußtseins- und Friedensarbeit gewirkt hat? Frieden – selbst wenn damals das Wort nicht so gängig war wie heute – war ja ein Thema für das Zusammenleben mit Menschen eines Volkes, wie Menschen nicht-jüdischen und jüdischen Glaubens und Familienherkunft, aber auch zwischen Völkern. Juden wurden als Volksfeinde denunziert, andere Länder als Feinde allgemein. War all das ein Thema, das Du gespürt, das Dich berührt hat?

A: Und ob! Mein Vater war weder bei der (Nazi-)Partei noch sonstwie politisch engagiert. Er hatte mir sogar verboten, zum BDM (Nazi-Jugendorganisation, Bund Deutscher Mädchen) zu gehen. Ich wäre ja gern, aber mein Vater hatte es nicht erlaubt. Er war ein absoluter (Nazi-)Gegner. Meine Eltern haben auch Juden versteckt, bis es nicht mehr ging. Sie wurden in der Nacht hereingebracht und blieben einige Zeit. Meine Mutter hatte viele jüdische Klavierschüler, und es gab deshalb auch viele Freundschaften mit jüdischen Familien.

Die Meinung über Amerikaner und Engländer, die ja die Bombenangriffe gegen München flogen, war nie von Haß geprägt. Mein Vater hat uns immer gesagt: »Das geschieht uns recht. Das haben wir uns selbst eingebrockt.« Mein Vater verfügte über eine Intelligenz, die auch größere Zusammenhänge erfaßte. Wegen seiner offenen Äußerungen war er einige Male sehr gefährdet, ins KZ zu kommen.

Meine Mutter hat sicher viel mit dem Gebet erreicht – meinen Vater vor dem KZ bewahrt, uns vor dem Bombentod, obwohl rundum alles kaputt ging. Selbst wenn Fliegeralarm war, blieb meine Mutter manchmal so lange sitzen, bis sie den Rosenkranz fertig gebetet hatte. Ich habe da oft gedrängt: »So, jetzt müssen wir aber in den Keller.« Aber die Mutter sagte immer: »Das Beten kommt vorher. Der Schutz kommt von Gott, nicht vom Keller.«

Ich habe da viel mitbekommen; wir standen immer unter großem Schutz. Mein Vater mußte auch nicht an die Front. Er hatte Hunderte von Gefangenen bei BMW unter sich. Es wäre eine Kleinigkeit für sie gewesen, meinen Vater umzubringen und zu fliehen. Er war oft Tag und Nacht in der Fabrik. Aber er hatte eine gute Art, mit diesen Menschen umzugehen – er war sich der Schuld der Deutschen immer bewußt. Meine Mutter hat aber auch für ihn gebetet.

Für mich war das Härteste der Hunger. Den habe ich auch deshalb so zu spüren bekommen, weil ich mit 9 oder 10 Jahren eine schwere infektiöse Gelbsucht bekam. Sie wurde dann sogar lebensbedrohend und heilte nie richtig aus. Deshalb konnte ich dann nicht einmal alles essen, was die anderen aßen, soweit überhaupt etwas zu bekommen war.

Aber ich war eigentlich immer ein sonniges Kind. Selbst der Hunger hat mich darin nicht verändert. Wir wurden später aufs Land, bei Rosenheim, evakuiert und hatten dort von Freunden und Verwandten viel Hilfe. Da gab es zwar auch noch Luftangriffe, aber wir waren dennoch heiter und haben die Freude der Jugend trotz des Krieges erlebt.

Wie ging's dann nach dem Krieg weiter?

A: Wir zogen dann in die Nähe von Gröbenzell in ein Jägerheim, das mein Vater mit aufgebaut hatte. Und da ich so gerne Klavier spielte und praktisch vom Instrument »weggeschlagen« werden mußte, studierte ich am damaligen Händelkonservatorium in München. Später wurde ich dann dort selbst Lehrkraft. Ich habe damals nicht nur unterrichtet, sondern habe auch Konzerte gegeben, zum Beispiel jedes Jahr in Köln. Am Konservatorium bin ich meiner »geistigen Mutter« begegnet, eine sehr starke Persönlichkeit, als Frau und als Künstlerin. Diese Frau, Maria Heyden, geb. Harf, war Pianistin und gehörte in die musikalische Linie von Johannes Brahms. Wir verstanden uns sehr gut und hatten sogar am selben Tag Geburtstag! Sie war damals um die 50 und ich knapp 20. Sie gab mir viel von ihrer Lebenserfahrung mit.

Religiöse Grundlagen und Einsicht in wirtschaftliche und gesellschaftspolitische Zusammenhänge hatte ich ja in meinem Elternhaus mitbekommen, aber mit geistigen Hintergründen wurde ich erst so richtig durch Maria Heyden vertraut. Sie hatte mich zum Beispiel zu Tagores Werk geführt (Rabindranath Tagore, indischer Dichter und Nobelpreisträger), und mit anderen geistig inspirierten Schriften bekannt gemacht, zum Beispiel von Romain Rolland, Stefan Zweig und beste Musikliteratur.

Der innere Gleichklang zwischen Euch war ja so intensiv und klar, daß Du sogar ihren Mädchennamen angenommen hast.

A: Ja, als wir einen gemeinsamen Geburtstag feierten, fragte ich sie, ob ich ihren Mädchennamen als Künstlernamen annehmen darf. Sie hatte unter dem Namen Harf schon Konzerte gegeben.

Noch einmal zu Deinen Konzerten, mit welchem Programm, in welchem Rahmen fanden sie statt?

A: Vor allem Bach, Klassik, Romantik, aber auch moderne Musik gehörte zum Programm. In München, in Gauting, dort gab es beglückend schöne Hauskonzerte, dann jedes Jahr in Köln, einmal eine Spanientournee mit 15 Konzerten zusammen mit einem Tenor, mit einem Oboisten und mit den Münchner Chorbuben. Das waren sehr anstrengende, aber auch interessante und schöne Jahre.

Wie haben sich denn in und während dieser intensiven Zeiten des Musizierens und Unterrichtens die ersten Berührungspunkte zu Yoga und Deinem späteren Lebensweg ergeben?

A: Dazu muß ich ein bißchen weiter ausholen. Ich hatte schon mit 15 Jahren vom Konservatorium die Genehmigung zum Unterrichten bekommen, und habe mir mein ganzes Studium selber verdient. Mein Vater hatte gesagt: »Wenn Du Dir einen Beruf als Künstlerin wählen willst, dann verdien ihn Dir selber.« Meine Klavierschüler waren meistens doppelt so alt wie ich, aber es ging wunderbar. Ich habe während der Schulzeit sehr viele Schüler gehabt und habe die Konzerte meistens während der Ferien gegeben. Es war sehr schwer, eine Wohnung zu bekommen, wo man abends nach acht Uhr üben konnte, und so habe ich dann nachts auf dem Klavier mit »Stummzug« geübt. In dieser Zeit, das war etwa 1955, bekam ich eine zweite Gelbsucht. Ich lag lange im Krankenhaus und wurde nicht richtig behandelt, so daß es zu einer Leberverhärtung kam und schließlich auch noch zur Leukämie. Mein Arzt sagte mir: »Geben Sie wenigstens einen der beiden Berufe auf, dann können Sie vielleicht noch drei Jahre leben.«

Ich war damals 26 Jahre jung, war Pianistin und Pädagogin, hatte bestimmt nicht unter 40 bis 50 Schüler, gab Hauskonzerte, ging auf Tourneen, gewann sogar einen Preis bei einem Rundfunkwettbewerb. Und dann sagte mir der Arzt, ich hätte nur noch 3 Jahre zu leben! Irgendwie spürte ich damals, daß etwas Neues anfing.

Als ich dann der Mutter einer Schülerin erzählte, daß ich meinen Pianistenberuf aufgeben müßte, lud sie mich zu einem Vortrag von Johannes van der Meulen ein. Dort spürte ich: »Jetzt bin ich zu Hause; das ist mein Zuhause!« Mir liefen vor Glück die Tränen herunter. Er sprach nicht direkt über Yoga, sondern es war eine Zusammenschau über den Sinn des Lebens und wie man ihn verwirklichen könne. Johannes van der Meulen gab mir durch seine geistige Kraft einen intensiven Impuls, um selbst auf meinen geistigen Weg zu kommen.

Durch diesen Vortrag lernte ich Menschen kennen, die Yoga übten und hörten: »Sie müssen nach Waldkirch bei Freiburg, da lebt ein großer Yogi.« Er war damals in Deutschland wohl *der* Lehrer: Heinrich Jürgens. Er verfügte über eine starke geistige Ausstrahlung und lehrte den Vedanta-Yoga. Durch ihn hatte ich intensive übersinnliche Erlebnisse und innere Erfahrungen.

Anneliese, geschah das aufgrund irgendwelcher spezieller Atemübungen oder aufgrund Deiner geistigen Ausrichtung, daß Du also einmal bewußt nicht mehr nur nach außen, sondern jetzt eben nach innen schauen wolltest?

A: Alles geschah durch meine intensive geistige Ausrichtung. Als ich kurz darauf am Blinddarm operiert wurde, gab mir jemand das Buch »Autobiographie eines Yogi« von Yogananda. Allein durchs Lesen hatte ich außersinnliche Wahrnehmungen. Ich habe einiges erlebt, was wir manchmal »Wunder« nennen, aufgrund einer sehr intensiven inneren geistigen Einstellung.

Nach den Meditationen bei Herrn Jürgens wurde ich auch hellhörend, hellriechend und hellsehend.

Diese neuen Erfahrungen waren ja aber nicht nur positiv für Dich?

A: Da meine nächsten Bekannten diese Wahrnehmungen nicht hatten, ließ ich diese Erfahrungen auf sich beruhen und sprach nicht mehr mit anderen darüber. Diese Zeit wurde jedoch zur schwersten meines Lebens. Ich hatte vorher wenig Ängste. Als aber meine Chakras (geistige Energiezentren) durch die tiefen Meditationen geöffnet wurden, hatte ich astrale Wahrnehmungen, auch außerhalb der Meditationen. Ich hörte Stimmen, sah Astralwesen in meiner Wohnung – noch nicht einmal nur im Dunkeln, sondern sogar bei Licht. Das alles bedeutete für mich damals einen starken Einbruch in mein Leben. Ich hatte Empfindungen, daß die ganze Vorderseite meines Körpers offen war. Das hatte sich so auf meine Nerven geschlagen, daß an Schlaf nicht mehr zu denken war. Ich war überwach; denn ich hatte einen Einstieg bekommen, der zu intensiv und für den ich nicht genügend vorbereitet war.

Was für Dich ja, obwohl und weil Du darunter so gelitten hattest, zum Anlaß wurde, in Deiner späteren Lehrarbeit solche Gefahren für andere soweit als möglich von vornherein zu vermeiden?

A: Ja, diese eigenen Erlebnisse waren geradezu eine Aufforderung, später behutsam und für uns Menschen im Westen auf geeignete Weise vorzugehen. Wäre ich damals zum Arzt gegangen und hätte ihm alles gesagt, was ich sehe und höre, dann hätte er sicher denken müssen, ich sei reif fürs Irrenhaus.

Ich habe dann bei Carl Lorenz Mesch weitergelernt, der damals der Leiter der Deutschen Yogagemeinschaft e.V. war, Lehrbriefe herausgab, in München Vorträge hielt und viele Mitglieder und Bezieher der Lehrbriefe hatte. Immer nach Waldkirch bei Freiburg zu Herrn Jürgens zu fahren wurde mir auf die Dauer zu aufwendig. Ich mußte ja noch mein Steinway-Klavier und meinen Flügel abzahlen.

Carl Lorenz Mesch hatte wie andere auch gemeint, ich sei schon Gott weiß wie weit entwickelt; er hatte mich aber haushoch überschätzt.

Er übte ganz intensiv mit mir jeden Tag, 3 bis 4 Stunden lang, Pranayamas, Hatha-Yoga und Meditation. Er vermittelte mir auch die richtige Ernährung, verschiedene Yogarichtungen und Yogaphilosophie. Durch klassische Pranayamaübungen, also durch Kraftlenkungen durch den Atem, konnte ich bald astral sehen. Jedoch bekam ich durch die längeren Atemverhaltungen starke Herz- und Kreislaufbeschwerden, die mich zwangen, mit Pranayama aufzuhören. Daraufhin normalisierten sich auch meine Wahrnehmungen wieder.

Durch bestimmte Meditationen hatte ich dann Kundalini-Erlebnisse (Erweckung der kosmischen Lebenskraft).

Während dieser Zeit hast Du schon vegetarisch gegessen. Hast Du eigentlich Alkohol getrunken oder geraucht?

A: Wegen der Gelbsucht habe ich nie Alkohol vertragen, aber ich habe als junger Mensch einige Jahre geraucht, es aber dann aufgegeben, weil ich es am Herzen nicht vertrug. Vegetarisch lebte ich schon lange. Aber für das psychische und geistige Erleben war ich einfach vom Denken her nicht genügend kontrolliert. Die Nadis (feinstoffliche Kräftebahnen) waren nicht »rein« genug.

Nach diesem gewaltigen Einschnitt – was waren die nächsten wichtigen Stationen für Dich, Du warst ja noch dabei, Yoga für Dich selbst zu lernen?

A: Ja, nur für mich; ans spätere Unterrichten habe ich überhaupt nicht gedacht. Ich wollte Yoga weiter üben, vor allem um wieder ganz gesund zu werden. Dazu habe ich bei einem Mitarbeiter des großen Yogalehrers im Westen, Yesudian, Kurse besucht. Er hatte mir als Lehrer sehr zugesagt, nur waren die Übungen für mich meistens zu schwer. Psychisch und geistig haben mir die Kurse jedoch viel gegeben. Ich war auch nie gelenkig, weil ich vom 3. Lebensjahr an am Klavier gesessen hatte. Meine Eltern hatten keinen Sport erlaubt, außer ein bißchen Schwimmen, weil sie meinten: »Wenn du Klavier spielen willst, mußt du auf deine Hände achten. Wenn du dir beim Ski-Laufen einen Bruch holst, oder beim Tennis, ist alles umsonst.« Ich war also überhaupt nicht beweglich.

Also habe ich angefangen, die Übungen vom Pädagogischen her »auseinanderzunehmen« und sie so in Vorübungen und Einstiegsübungen aufzugliedern, daß ich das »Endziel« der Übungen für mich erreichen konnte. Ich habe damals bestimmt Stunden am Tag Yoga geübt und nebenher natürlich weiterhin Klavier unterrichtet.

Dein Motiv war also einerseits eine Verbesserung Deiner körperlichen Gesundheit und andererseits geistige Schulung?

A: Ja, für mich war das eins. Herr Mesch hatte schon damals bemerkt, in welcher Richtung es bei mir weitergehen würde. Ich hatte die Veränderungen und Vereinfachungen seines Aufbaues nur für mich gemacht, damit ich die Übungen besser schaffte und habe auch tatsächlich festgestellt, daß mir das sehr gut tat. Ab 1961 hatte ich begonnen, an der Herausgabe der Lehrbriefe mitzuarbeiten, und später auch bei der Gestaltung der Übungen. Ich spürte einfach den Impuls: Wir sind Abendländer und wir brauchen zwar Yoga, der uns viel geben kann, aber wir müssen ihn umformen, »westlicher« gestalten.

Der nächste Schritt war, daß ich im privaten Kreis Hatha-Yoga mit entsprechenden Aufbauübungen weitergab. Ein Schweizer Freund, der schon über Jahre Yoga übte, fand: »Du erleichterst den Hatha-Yoga für uns im Westen. Auf diese Weise kann ich ja die Übungen, und so macht mir das erst richtig Freude!« Er war vorher offensichtlich überfordert. Meine Freunde haben mir sehr geholfen, mich ermutigt, weiter so aufzubauen.

1962 hat mich Herr Mesch dann ein paar Vorträge halten lassen, zum Teil mit ihm zusammen, auch mal mit Musik untermalt, und dann übergab er mir seine Raja-Yoga-Gruppe.

Am Anfang traute ich mir dies nicht zu; ich wollte ja nur Herrn Mesch bei den Vorbereitungen und bei der Organisation helfen, auch den Kursraum putzen und mit Blumen schmücken. Aber ich hatte auch manches Mal bemerkt, wie manche Kursteilnehmer den Kopf geschüttelt haben, weil sie manches als zu indisch empfanden und es so nicht aufnehmen konnten. Als mich dann Herr Mesch aufforderte, selbst zu unterrichten, kam die große, die eigentliche Krise.

Gibt es ein praktisches Beispiel für die Unterschiede in Euren Vermittlungsweisen?

A: Ja. Bei Herrn Mesch sollte sich z. B. jeder streng vegetarisch ernähren, von Anfang an; während ich alles langsam werden und wachsen lassen wollte, so daß sich jeder allmählich entwickeln konnte.

Worin bestand nun die große Krise? In der persönlichen Vertrauensbeziehung zwischen Dir und Herrn Mesch?

A: Herr Mesch hatte mein Vertrauen; denn er war auf seine Weise ein großartiger Lehrer, dem ich sehr viel zu verdanken habe. Ich wollte ja nicht unterrichten, denn ich war in meinem Klavierberuf glücklich, und meine Gesundheit war durch Yoga, allen ärztlichen Prognosen zum Trotz, wiederhergestellt.
Also betete ich ganz intensiv: »Lieber Gott, laß mich den Sinn meines Lebens erkennen und laß mich die Aufgabe meines Lebens erkennen.« Ich war gerne bereit, Yoga weiterhin nur für mich allein zu üben; doch wollte dies Herr Mesch nicht. Als mich sowohl Herr Mesch als auch einige seiner Teilnehmer bedrängten, Yoga-Kurse zu halten, bat ich innerlich ganz intensiv: »Gott, wenn *DU* willst, daß ich Yoga lehre, dann akzeptiere ich das nur, wenn ich binnen zwei Wochen aus dem Mund von Herrn Mesch höre, daß ich diese Aufgabe allein übernehmen soll. Und das schaffst Du nie!«

Anneliese, Du hast Gott also eine »Bedingung« gestellt?

A: Ja, absolut. Eine für mich so verantwortungsvolle Aufgabe zu übernehmen, da wollte ich schon sicher sein, daß dies auch wirklich im Einklang mit Gottes Willen lag.
Na, der 14. Tag kam heran, und ich war mir schon sicher, daß ich diese Aufgabe nicht zu übernehmen brauche. Am Nachmittag kam Herr Mesch ganz heiter zu mir und sagte: »Du, ich hab' mir folgendes überlegt: Ich werde jetzt alt – er war damals um die 78 – und bin froh, wenn ich nicht mehr so viel zu tun habe. Übernimm doch du die Kurse allein, also ohne mich!« Dieser unerwartete Satz hatte dermaßen bei mir eingeschlagen, daß ich klar wußte: Jetzt muß und darf ich Yoga lehren!

So habe ich dann angefangen. Zuerst gründete ich das »Münchner Yoga-Zentrum«; vorher hieß die Gruppe »Hrydaya-Ashram«, was sich auf das geistige Zentrum im Herzchakra bezieht. Und dann habe ich ganz systematisch die Kurse aufgebaut, immer den Erfordernissen entsprechend, die auf mich zukamen. Im Rückblick sehe ich, wie sinnvoll die innere und äußere Führung wirkte!

Als ersten Kurs hatte ich von Herrn Mesch den Raja-Yoga übernommen. Die Gruppe war anfangs klein, nur fünf Teilnehmer, am Ende waren es 15, und sie wollten, daß der ganze Kurs wiederholt würde. Doch mir wurde bewußt, daß ich etwas »unter« den Rajayogakurs bauen müßte. So entstand der Konzentrationskurs als Vorbereitung dazu. Er beinhaltete vieles an Philosophie und Psychologie des Rajayoga und dauerte ein Jahr. An einem dieser Kurse nahm auch eine recht hochgestellte Persönlichkeit teil, den seine Sekretärin mitgebracht hatte. Dieser Herr fragte mich am Ende des Kurses, warum es solche Kurse nicht an der Münchner Volkshochschule gäbe. Daraufhin kam ich bald an die Münchner VHS; das war 1965. Dafür allerdings baute ich das grundlegende Fundament für alle Yogaarbeit: die Einführung in die Atmungs- und Entspannungspraxis. In zwei Tagen nach der Ausschreibung waren beide angebotenen Kurse weitaus überbelegt.

Ich hatte mir von Anfang an eine kleine Handvervielfältigungsmaschine gekauft und jede Woche für die Teilnehmer Kursblätter mit dem Thema und den Übungen abgezogen. Damals mußte ich noch jedes Blatt einzeln trocknen, und oft halfen mir dabei die Kursteilnehmer; denn sie wollten unbedingt etwas in Händen haben, wonach sie auch zu Hause weiter üben konnten.

Jetzt, nach 25 Jahren Lehrtätigkeit, sieht es ja anders aus, Anneliese; Du hast viele Mitarbeiter und viele Kurse.

A: Ja, derzeit arbeiten etwa 20 Mitarbeiter, mit einer Ausnahme, nebenberuflich mit. Das war jeweils viel Arbeit mit Ausbildung, Einarbeitung und Vorbereitung der Lehrunterlagen. Aber dadurch können von uns insgesamt rund 150 Kurse angeboten werden, nicht nur im Rahmen des Münchner Yoga-Zentrums, sondern auch an einer Reihe von Volkshochschulstätten in und um München. Der Aufbau aller Kursarten entstand als eine kontinuierliche Schulung, die etwa zehn Jahre dauert. Jeder Teilnehmer spürt dabei selbst, ob er den Folgekurs besuchen soll oder ob er besser einen Kurs wiederholen will.

Ist eine solch lange Zeit wirklich nötig, damit man sich selber eine »Bewußtseinsbasis« schafft?

A: Im allgemeinen ja; denn bis jemand gefahrlos selbständig, also von innen her spürt, welchen weiteren Weg er einschlagen soll – und dies bei dem heutigen Überangebot von Esoterik und New age – braucht er eine gute innere Rückverbindung und ein geschultes Unterscheidungsvermögen. Solche Reifung will wachsen. Bis dahin sind regelmäßige Impulse für sein Üben – auch die Arbeit an und mit Übungen –, Klärung vieler Fragen und Hilfen zur Umsetzung für die Verwirklichung im Alltag nötig. Auch von Kursteilnehmern bilden sich immer wieder kleine Freundesgruppen, die sich gegenseitig besprechen, beraten und ihre Erfahrungen austauschen.

Warum sind in den Kursen, in denen es um Bewußtseinsschulung geht, aber auch bei den Friedensmeditationen, überwiegend Frauen?

A: In den Anfängerkursen sind 80 bis 90 Prozent Frauen, in den Konzentrationskursen sind ungefähr ein Drittel Herren und zwei Drittel Damen; in den fortgeschrittenen Kursen ist es manchmal ausgewogen. Zum Beispiel in der Feinstoff- und der Chakralehre ist manchmal kein Unterschied mehr in der Beteiligung.

Ich glaube, daß Frauen einfach offener, vielleicht auch mutiger für Esoterik sind. Diese Offenheit ist ja ein Merkmal der Psyche, der Anima. Wenn aber Männer mit der Bewußtseinsschulung beginnen, üben sie häufig intensiver und konsequenter als Frauen. Das sage ich als Frau und dahinter kann ich, aufgrund meiner langen Lehrerfahrung, auch stehen.

Manchmal geht das ja ins Extrem, so daß Ehen drohen auseinanderzubrechen, weil der Partner nur noch eine Linie verfolgt. Billigst Du das?

A: Natürlich nicht. Im Gegenteil; wenn mir ein Kursteilnehmer sagt: »Meine Frau (oder mein Mann) sitzt mir zuviel vor dem Fernseher, ich möchte in der Zeit lieber üben«, dann antworte ich oft: Solange Sie mit Ihrer Frau nicht gute Gespräche führen können, ist auch Ihr Üben nur bedingt von Wert. Vielleicht sieht Ihre Frau deswegen fern, weil ihr ein guter Kontakt mit Ihnen fehlt. Es wäre eine Bewährung Ihrer Liebesfähigkeit und Ihrer Bewußtseinsschulung, wenn Sie sich hier einsetzen würden. Im Laufe der Zeit verändert sich auch unsere Umwelt, wenn wir uns wirklich ändern.

In Partnerschaften wird es immer unterschiedliche Entwicklungen geben. Es kommt dann darauf an, mit Liebe einander zu helfen.

Wann hast Du eigentlich Paul Bergauer, Deinen späteren Mann und maßgeblichen Mitarbeiter im Münchner Yoga-Zentrum, kennengelernt?

A: Als ich im Januar 1965 den ersten Kurs der Atmungs- und Entspannungspraxis an der Münchner Volkshochschule hielt, nahm Paul Bergauer daran teil.

Er übte schon lange Yoga, schon in den sechs Jahren russischer Kriegsgefangenschaft. Er hatte es dort sehr schwer gehabt, war sogar schon zum Tode verurteilt. Paul Bergauer wollte nur mal in den Kurs hereinschauen, um zu sehen, was dort angeboten wird. Er war weitgehend buddhistisch orientiert und hatte es wörtlich genommen, sich vom weltlichen Leben zurückzuziehen. Er spürte, daß er neue Impulse brauchte, und deshalb sah er sich um, welche Kurse ihm weiterhelfen konnten.

Am zweiten Abend sagte er zu mir: »Ich bleibe in dem Kurs; es ist genau das, was ich brauche.«

Am Ende des Kurses bot er sich dann für handwerkliche Hilfen an. Er war jeden Abend bei mir in Kursen. Seinen Beruf als Elektrotechniker gab er dann auf, um an der Heilpraktiker-Schule in München zu studieren und um Hatha-Yoga-Kurse zu halten. 1968 heirateten wir und bauten die Räume in der Frauenlobstraße auf.

Paul Bergauer hatte dann auch mitgearbeitet, ist aber inzwischen leider verstorben.

A: Ja, er hatte ab Januar 1965 viele Kurse gehalten, und er starb am 5. Februar 1982. Er war am Aufbau des Münchner Yoga Zentrums maßgeblich beteiligt und wurde von seinen Kursteilnehmern sehr geschätzt.

*Anneliese, wenn Du diese Zeit bis jetzt Revue passieren läßt,
welche Menschen haben Dir wichtige Impulse für Deinen Weg
gegeben?*

A: Außer Heinrich Jürgens und Carl Lorenz Mesch hat mir
Pir Vilayat Khan, der aus der Sufitradition kommt und verschiedene geistige Wege miteinander verbindet, viel Wertvolles vermittelt. Er hat mich durch seine Bewußtheit sowie seine Beschei-
denheit immer tief beeindruckt.

Balakrishna, ein indischer Heiliger, der noch lebt, war mir in
der Verbindung von Ost und West ein Vorbild.

Da Herr Mesch ein Freund von Boris Sacharow war, konnte er
mir auch auf dem Gebiet des Hatha-Yoga vieles geben.

Ramana Maharshi hat mir durch seine klare, konsequente
Suchfrage »Wer bin ich, wer erlebt, wer reagiert?« viel geholfen.
Diese Übung hat mir vieles an Bewußtwerdung ermöglicht. Carl
Hülsmann aus Holland verdanke ich sehr viel. Er war und ist mir
ein vorbildlicher Lehrer und hat bereits vor vielen Jahren wesentliche esoterische Grundlagen geschaffen, ohne die ich allein
den umfassenden Kursaufbau wohl nicht geschafft hätte.

Swami Purani aus dem Aurobindo-Ashram in Pondicherry
brachte mir, neben der Literatur von Aurobindo, dessen Werk in
überzeugender Weise nahe.

Swami Ritajananda aus dem Centre Vedantique in Grez bei
Paris weihte 1962 den Hrydaya-Ashram ein. In seinem Ashram
lernte ich den Vedanta näher kennen.

Werner Zimmermann gab uns durch seine Vorträge und praktischen Beispiele wertvolle Impulse zum Hatha-Yoga und für
eine ganzheitliche Lebensgestaltung. Auch die geistige Beziehung zu Swami Nithyabodhananda vom Ramakrishna-Orden in
Genf war für mich hilfreich. Er hat mir durch seine Interpreta-
tion alter indischer Schriften des Vedanta vieles bewußt gemacht.

Vom Christlichen her habe ich Papst Johannes XXIII., seinen
Humor, seine Klarheit und seinen Mut, sehr verehrt. Schriften
von Meister Eckehart, Franz von Sales, Franziskus und Therese
von Avila haben mich stets begleitet und mir vieles auf dem Weg
bestätigt. Ich freute mich dabei oft, wie der innere WEG sich

gleicht, unabhängig davon, ob wir einen östlichen oder westlichen Weg nach innen gehen.

Wie würdest Du Kirpal Singh und seinen Weg des Sant Mat beschreiben, wie hast Du das erlebt?

A: Durch innere Erlebnisse war der Weg des inneren Lichts und Tons für mich bedeutsam. Die äußere Initiation war nur ein Nachvollzug dessen, was ich innerlich bereits erfahren hatte. Dieser Weg des Sant Mat war für meine Entwicklung wertvoll und ich möchte ihn nicht missen. Doch jeder Weg zum WEG ist Durchgang und Übergang. Wichtig ist, daß wir immer die innere Führung spüren und ihr gehorchen.

Welche andere Menschen haben dich mit geprägt?

A: Ganz stark wirkte Helga Peters mit ihrem fundamentalen Können, mit dem sie jede Übung vermittelte, mit ihrer Heiterkeit und Tiefe auf mich! Sie war, wie ich, ein Gründungsmitglied des Berufsverbandes Deutscher Yogalehrer e.V. und hat über viele Jahre Wesentliches für das menschliche und fachliche Reifen der in Ausbildung stehenden Mitglieder beigetragen. Auch mir war sie eine großartige Lehrerin!

Wertvoll war mir auch der Austausch mit Otto Albrecht Isebert, durch den ich verschiedene Arbeitsweisen, vor allem in der Atemarbeit, kennen lernte. Auch er war an der Gründung und am Aufbau des Berufsverbandes maßgebend beteiligt.

Es wären noch viele Lehrer und Kollegen zu nennen, die mir auf meinem inneren und äußeren Weg weitergeholfen haben.

Du hältst Harakurse und hast doch Haraübungen weiterentwickelt?

A: Ja. Graf Dürckheim hatte mich damals, als er mich ausgebildet hatte, gebeten, in München Hara zu lehren. Er schickte mir immer wieder Interessenten. Da ich das in Einzelarbeit zu all meinen vielen Kursen nicht bewältigen konnte, habe ich dann Hara-Gruppenkurse ausgearbeitet, die noch immer gut besucht sind.

Mir ist dabei sehr bald bewußt geworden, daß jede Haraübung auch eine Friedensübung ist: denn wenn ich tief in mir ruhe, bin ich auch belastbarer und eher fähig, in Frieden zu leben. Wenn ich zum Beispiel »hochgehe«, mich also in meinen Schultern festhalte, bin ich in dieser Fehlhaltung weitaus aggressiver. Das Schöne an Hara ist, daß dabei nichts verdrängt oder unterdrückt wird, sondern daß nur ich in die rechte Haltung kommen muß! Das spürt jeder an seinem Wohlbefinden, an seiner Kraft und – nicht zuletzt – an seiner Fähigkeit zur Transparenz.

Woher kamen nun die ersten bewußten Impulse zur Friedensarbeit? Vom Hara?

A: Nein, die ersten Anstöße dazu kamen aus dem Raja-Yoga. Da heißt es ja ausdrücklich: »Wer das Nichtverletzen übt und lebt, gewinnt die Kraft des Friedens.« Dies habe ich, immer wieder mit neuen Ansätzen, versucht, aber noch lange nicht gekonnt. Dennoch hatte ich zumindest ansatzweise immer wieder erfahren, wo es mir gelang, nicht zu verletzen, daß dieser Satz richtig ist.

Im Sanskrit heißt es: »Ahimsa (Nicht-verletzen) zu üben bewirkt auch Frieden in der Meditation.« Diese Kraft des Friedens ist etwas unmittelbar Erfahrbares und Beglückendes. Nur muß diese geistige Kraft dann im Alltag entsprechend gelebt, also verwirklicht werden. Dies ist viel schwieriger, als in der Meditation Friede zu erleben! Doch wer diese Umsetzung versucht, bekommt auch immer wieder erstaunliche Hilfen, oft sogar von der sog. Gegenseite.

Seit wann und warum steht praktische, auch gesellschaftlich wirksame Friedensarbeit bei Dir stärker im Vordergrund?

A: Vor gut drei Jahren kam der Psychologe Peter Rohner auf mich zu mit der Bitte, ich solle einige Übungen zu seinem, mehr psychologisch aufgebauten Friedensbuch beitragen. Ich spürte aber, daß ich zuerst selbst mehr Friedensarbeit leisten und damit Erfahrung sammeln mußte, ehe ich auch nur einige Übungen schreibe. Also begann ich mit intensiver Friedensarbeit in mir und meiner Umwelt gegenüber. Nach einem Jahr hielt ich dann das erste Friedens-Meditations-Seminar, um konkrete und durchführbare Hilfen für die innere wie äußere Friedensarbeit zu geben. Das Buch »Gott und Mensch« von Masahisa Goi, in dem er vieles über seine Friedensarbeit zusammen mit Meister Ueshiba, dem Begründer des Aikido, beschreibt, war mir dabei eine der wertvollsten Hilfen.

Ist für Dich mit der verstärkten Bemühung um Friedensarbeit das Kapitel »Yoga für den Westen« abgeschlossen? Wie würdest Du diese neue Phase beschreiben?

A: Irgendwie schließt sich ein Kreis. Ich habe mit Raja-Yoga begonnen. Dabei ging es nicht nur um das Üben und Leben bestimmter Bewußtseinsqualitäten, sondern vielmehr um eine Lebenseinstellung zu sich und zur Umwelt, die eine stete Bewußtwerdung und Selbstwerdung ermöglicht. Übungen – seien sie aus dem Raja- oder Hatha-Yoga – sind dabei wertvolle Hilfen. Yoga sagt ja nie: »Du sollst dies oder Du mußt jenes!« Der Yoga-Weg weist vielmehr darauf hin, »wenn Du Dich so verhältst, wird dies und jenes die Folge sein«. Es geht also immer auch um die Erfahrung von Gesetzmäßigkeiten. Ein Ursachenbewußtsein zu entwickeln ist für uns im Westen dringend nötig, auch für die Friedensarbeit.

In diesem Sinne sehe ich die Yogaarbeit weiterhin als eine Grundlage an, auf der die Friedensarbeit als eine sinnvolle, notwendige Stufe aufbaut. Das eine ist für mich ohne das andere nicht denkbar. Damit aber ist für mich »Yoga für den Westen« nicht abgeschlossen, sondern ich bin weiterhin offen und bereit für neue Impulse und Erkenntnisse, die ich verwirklichen darf.

Friedensarbeit, ist das eine Sache von Organisationen mit Anführern, ist das etwas für Demonstrationen, was ist für Dich Friedensarbeit?

A: Wir brauchen – unabhängig von Organisationen – immer mehr Menschen, die fähig werden, Frieden in ihrem kleinen Kreis zu leben, die ein Friedensbewußtsein – nicht Schwäche – entwickeln. Solche Menschen strahlen Friedenskraft aus. Sie schaffen eine Atmosphäre, in der Friede entstehen und Vertrauen wachsen kann. Sie stellen damit ein wichtiges Kräftepotential zur Verfügung, das allmählich stärker werden muß als das der lebenszerstörenden Kräfte auf Erden. Es muß ein Netzwerk von Friedenskräften rund um die Welt entstehen, dessen lebensaufbauende Kräfte stark genug sind, um in der Menschheit und in der Natur alles Kranke zu heilen. Jede Form gelebten Friedens führt dazu, zuerst im eigenen Heim, dann in einem Ort und schließlich in einem Land positive Kräfte freizusetzen und wirksam werden zu lassen. Damit gibt es keine Friedensarbeit, die umsonst ist; denn »Der Friede der Welt«, wie ich bereits 1968 in meinem ersten Buch schrieb, »beginnt in meinem Herzen.«

Im Februar dieses Jahre bekam ich den klaren inneren Impuls: »Baue ein Friedenshaus.« Und nach nur wenigen Wochen hat sich das zunächst aussichtslose Unterfangen tatsächlich realisieren lassen. Und seit April 1987 finden hier, neben allen Yogakursen in München und verschiedenen Seminaren, Friedensmeditationen statt.

Das kam ja ziemlich plötzlich?

A: Ja, mein Weg war immer so, daß ich in eine Aufgabe hineingeworfen wurde. Ich habe immer Aufgaben bekommen, die bewußtseinsmäßig zwingend waren und in die ich durch Praxis hineinwachsen mußte. Ich habe allerdings auch immer versucht, heute das zu machen, was heute notwendig ist, und morgen, was morgen nottut.

Und aufs Übermorgen keine Gedanken zu verschwenden?

A: Ja, das stimmt; denn das Übermorgen ist ja die Wirkung von heute und morgen. – Dazu brauche ich mein Vertrauen auf die innere Führung. Den ganzen Kursaufbau habe ich zum Beispiel durch Anstöße und Einsichten aus der Meditation erhalten.

Allein über den Verstand wäre das nicht so gegangen; wie oft kam ich damit an meine all zu engen Grenzen! Aus dieser Einsicht, daß ich im Grunde alles »bekam«, daß also nichts mein eigenes Verdienst war, habe ich in der ersten Zeit alle Kurse umsonst gehalten. Auch bis heute gilt für mich der Grundsatz, daß sie nur kosten sollen, was notwendig ist, um die ganze Arbeit durchzuführen. Da kommt ohnehin eine Menge zusammen.

Wovon lebst Du denn dann, Anneliese?

A: Das Geld, das durch die Kurse, auch durch die Mitarbeiter kommt, dient dem Unterhalt und der Weiterführung des Yoga-Zentrums. Um es aufbauen zu können, mußte ich ohnehin alle meine persönlichen Mittel, auch aus dem Elternhaus, einsetzen. Aber jede geistige Arbeit verlangt dies. Ich selbst lebe vom Kassetten- und Bücherverkauf, von Rundfunkarbeiten, Buchhonoraren etc. Bei alldem bin ich glücklich und dankbar, daß ich diese Arbeit leisten darf.

Friedensgebet der Sufis

Wenn wir alle täglich einige Minuten Gedanken des Friedens in die Welt senden, kann eine Kette friedevoller Gedankenkräfte um die ganze Erde entstehen.

Für diese Minuten eignet sich das Friedensgebet der Sufis nach Hazrat Inayat Khan (das für diesen Zweck stilistisch ein wenig umgestaltet worden ist):

Gib Deinen Frieden, Herr,
der vollkommen und ewig ist,
damit unsere Seele Frieden
ausstrahlen möge.

Gib Deinen Frieden, Herr,
damit unser Denken,
Sprechen und Handeln
in Einklang sein möge.

Gib Deinen Frieden, Herr,
damit wir zufrieden
und dankbar sein mögen
für Deine reichlichen Gaben.

Gib Deinen Frieden, Herr,
damit wir vertrauend tragen lernen,
in Gedanken an Deine Gnade
und Barmherzigkeit.

Gib Deinen Frieden, Herr,
damit unser Leben
dem göttlichen Bilde entsprechen möge
und alle Dunkelheit
in Deinem Licht vergeht.

Gib Deinen Frieden, Herr,
der Du uns Vater und Mutter bist,
damit wir uns, Deine Kinder auf Erden,
vereinigen mögen
zu einer einzigen Bruderschaft.

Amen

Gebet für den Frieden

Von Mutter Teresa

Leite mich vom Sterben zum Leben,
von der Falschheit zur Wahrheit;

leite mich von der Verzweiflung zur Hoffnung,
von der Angst zum Vertrauen;

leite mich vom Haß zur Liebe,
vom Krieg zum Frieden.

Frieden erfülle unsere Herzen,
unsere Welt, unser Weltall...

Friede – Friede – Friede

Literaturhinweise

Als Hilfe für ein tieferes Verständnis der Friedensarbeit folgt eine sehr kleine Literatur-Auswahl:

Alt, Franz: Frieden ist möglich, Piper Verlag, München, TB

Alt, Franz: Liebe ist möglich, Piper Verlag, München, TB

Bhagavad Gita, Diederichs Verlag, Düsseldorf

Dürckheim, Karlfried Graf: Hara – die Erdmitte des Menschen, O. W. Barth-Scherz Verlag, München

Dürckheim, Karlfried Graf: Die wunderbare Katze und andere Zen-Texte, O. W. Barth-Scherz Verlag, München

Ferguson, Marylin: Die sanfte Verschwörung, Knaur Verl., München

Fromm, Erich: Die Kunst des Liebens, Ullstein Verlag, Frankfurt

Fromm, Erich: Haben oder Sein, Deutsche Verlagsanstalt, Stuttgart

Gandhi, Mahatma: Worte des Friedens, Herder Verlag, Freiburg

Geschenk der Stille: Das Glück des Friedens, Scherz Verl., München

Gibran, Kahlil: Der Prophet, Walter Verlag, Olten und Freiburg

Goi, Masahisa: Gott und Mensch, Byakko-Verlag, Japan, zu beziehen über A. Harf, Münchner Yoga-Zentrum

Hacker, Friedrich: Materialien zum Thema Aggression, Rowohlt Verlag, Reinbek bei Hamburg

Khan, Hazrat Inayat: Friedensgebet, Verlag Heilbronn

King, Martin Luther: Frieden ist kein Geschenk, Herder Verlag, Freiburg

King, Martin Luther: Schöpferischer Widerstand, Gütersloher Verlagshaus Gerd Mohn, Gütersloh, TB

King, Martin Luther: Kraft zum Lieben, Konstanzer Taschenbuch Verlag, Christl. Verlagsanstalt, Konstanz

Lapide, Pinchas: Die Bergpredigt, Utopie oder Programm? Matthias Grünewald Verlag

Lorenz, Konrad: Noch kann man hoffen, Deutscher Taschenbuchverlag, München

Müller, Robert: Planet der Hoffnung, Goldmann Verlag, München

Müller, Robert: Die Neuerschaffung der Welt, Goldmann Verlag, München

Riemann, Fritz: Grundformen der Angst, Ernst Reinhard Verlag, München

Muth-Schwering, Ursula: Von Tag zu Tag ein Friedenswort, Herder Verlag, Freiburg

Neues Testament

Schweitzer, Albert: Frieden oder Atomkrieg, Beck'sche Verlagsbuchhandlung, München, TB

Singh, Darshan: Spirituelles Erwachen, Goldmann Verlag, München

Székely, Ed. Bordeaux: Die verlorenen Schriftrollen der Essener, Buch 1–3, Bruno Martin Verlag, Frankfurt

Székely, Ed. Bordeaux: Die Lehren der Essener, »Essener Meditationen«. Bruno Martin Verlag, Frankfurt

Weinreb, Friedrich: Die Wurzeln der Aggression, Thauros Verlag München

Weizsäcker, Karl Friedrich von: Der bedrohte Frieden, Hanser-Verlag, München

Weizsäcker, Karl Friedrich von: Möglichkeiten und Probleme auf dem Weg zu einer vernünftigen Friedensordnung, Hanser-Verlag, München

Von Anneliese Harf liegt ein vielseitiges Angebot an Kassetten mit Atem- und Entspannungsübungen, Konzentrations- und Meditationsübungen, Übungen zu Yoga im Alltag, Hara- und Meditationsübungen, Übungen für die Wirbelsäule, Hatha-Yoga für Anfänger und Meditatives Erleben vor.

Ihr Buch »Yoga-Praxis, Lebenskraft für jeden Tag« enthält ebensolche Übungen (Taschenbuch Band 1273, Herder Verlag, Freiburg, 1986)

1988 wird ein großes Yoga-Kompendium mit vielen Abbildungen und Illustrationen erscheinen (Falken Verlag, Niedernhausen).

16 Friedensmeditationskarten und alle weiteren Informationen sowie die Kassetten sind erhältlich über:
Anneliese Harf, Münchner Yoga-Zentrum, Frauenlobstraße 24, 8000 München 2 oder Lindenberg 131, 8134 Pöcking.

Spirituelles Erwachen

Darshan Singh
Spirituelles Erwachen
11809

Herman Weidelener
Die Götter in uns
11802

Eugene G. Jussek
Begegnung mit dem
Weisen in uns 11765

Dalai Lama
Ausgewählte Texte
11803

Herman Weidelener
Abendländische
Meditationen 11782

Satprem
Der Mensch hinter
dem Menschen 11754

GOLDMANN

Die weisen Frauen

Chris Griscom
Zeit ist eine Illusion
11787

Jane Roberts
Gespräche mit Seth
11760

Patricia L. Mischell
Denk' positiv!
11779

Lotte Ingrisch
Reiseführer ins Jenseits
11743

Joan Grant
Sekhet-a-ra-Tochter des
Pharao   11763

Gerta Ital
Auf dem Wege zu
Satori   11701

GOLDMANN

Magisches Denken

Das Hexenbuch
11806

Alan Bleakley
Früchte des Mondbaumes
11785

Harold A. Hansen
Der Hexengarten
11784

Schenk / Kalweit
Heilung des Wissens
11805

Joan Halifax
Die andere Wirklichkeit
der Schamanen   11756

Sergius Goldwin
Die weisen Frauen
14004

Wendezeit

George Trevelyan
Eine Vision des Wasser-
mann-Zeitalters   14001

Robert Muller
Die Neuerschaffung
der Welt   14019

Peter Ripota
Die Geburt des Wasser-
mann-Zeitalters   11808

Liz Collins
Bewußter leben im Hier
und Jetzt   11775

Alan Watts
Im Einklang mit der Natur
14018

Winifred Rushforth
Dein Wille wird geschehen
14013

GOLDMANN

GOLDMANN VERLAG

Goldmann
Taschenbücher

Informativ · Aktuell
Vielseitig · Unterhaltend

Allgemeine Reihe · Cartoon
Werkausgaben · Großschriftreihe
Reisebegleiter
Klassiker mit Erläuterungen
Ratgeber
Sachbuch · Stern-Bücher
Indianische Astrologie
Grenzwissenschaften/Esoterik · New Age
Computer compact
Science Fiction · Fantasy
Farbige Ratgeber
Rote Krimi
Meisterwerke der Kriminalliteratur
Regionalia · Goldmann Schott
Goldmann Magnum
Goldmann Original

Goldmann Verlag · Neumarkter Str. 18 · 8000 München 80

Bitte
senden Sie
mir das neue
Gesamtverzeichnis

Name _____

Straße _____

PLZ/Ort _____